数学世界探险记

神奇莫测的箱子

刘修博 编译

图书在版编目(CIP)数据

神奇莫测的箱子/刘修博编译. —哈尔滨:哈尔滨工业大学出版社,2012.4(2013.7 重印)
(数学世界探险记)
ISBN 978−7−5603−2892−8

Ⅰ.①神…　Ⅱ.①刘…　Ⅲ.①数学-少年读物
Ⅳ.①O1-49

中国版本图书馆 CIP 数据核字(2012)第 265282 号

策划编辑	甄淼淼　刘培杰
责任编辑	尹　凡
出版发行	哈尔滨工业大学出版社
社　　址	哈尔滨市南岗区复华四道街 10 号　邮编 150006
传　　真	0451−86414749
网　　址	http://hitpress.hit.edu.cn
印　　刷	哈尔滨市工大节能印刷厂
开　　本	787mm×1092mm　1/16　印张 7　字数 108 千字
版　　次	2012 年 4 月第 1 版　2013 年 7 月第 3 次印刷
书　　号	ISBN 978−7−5603−2892−8
定　　价	198.00 元(套)

(如因印装质量问题影响阅读,我社负责调换)

编者的话

我曾在中国生活到大学毕业，中学毕业于一所省级重点中学，数学一直是我的一个弱项，尽管后来我考入了西南交通大学，但数学一直困扰着我，回想起近20年学习数学的经历，我现在才认识到是小学时没能激发起学习数学的兴趣，当时的小学课本及"文化大革命"后期的数学老师讲解过于枯燥。

大学毕业后，我到了日本，发现日本有许多数学课外书编的很生动、有趣，而且图文并茂，我的小孩很爱读。

新闻业有一句听上去很绝望的格言，叫做"给我一个故事，看在上帝的份上，把它讲得有趣些"这句话其实更应对数学界说。近年来，我成立了翻译公司便着手开始编译了这套适合中、日儿童的少年科普图书。

这套丛书共由十册组成。

第一册　　有趣的四则运算。
第二册　　各种各样的单位。
第三册　　恼人的小数分数。
第四册　　稀奇古怪的单位。
第五册　　有关图形的游戏。
第六册　　神奇莫测的箱子。
第七册　　隐藏起来的数字。
第八册　　妙趣横生的集合。
第九册　　上帝创造的语言。
第十册　　超常智力的测验。

这套书的读者对象是少年儿童，所以选择以探险为故事情节。

有人说儿童总是显得比成年人勇敢，恰似小型犬总是比大型犬显得勇敢，可是宠物专家说，那不是勇敢，只是容易激动。儿童比成人有好奇心，就让这难得的好奇心带着儿童走进数学的殿堂。

刘修博

2013年1月于日本

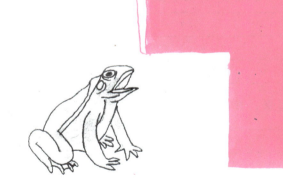

（喜鹊正精气十足地站在一个神奇的黑箱子上。这个黑箱子究竟是怎么回事呢？它与数学有什么关系吗？）

喜　鹊　啊,各位!你们想尽快知道有关我脚下的这个黑箱子的事情吗?不过，目前还是个秘密。待学完本册书的成比例、倍和比例等内容以后，再揭开这个秘密吧。

数学世界探险记

神奇莫测的箱子

目 录

- ●利用装有铜网的水槽来考虑 —————————— 4
- ●关于比例的讨论(1) ————————————— 15
  - 果汁量与价钱的关系 ———————————— 15
  - 装在盒里的简装蛋糕个数与价钱成比例吗?———17
  - 是成比例,还是不成比例? ————————— 18
  - 解答萨沙提出的问题 ————————————24
  - 接受罗伯特提出的关于"慢表问题"的挑战 ——— 26
  - 考虑米丽娅提出的问题 ————————————25
- ●究竟有多少倍呢? ———————————— 30
  - 利用水槽考虑倍数 —————————————31
  - 也有比1小的倍数 —————————————33
  - 倍数与比例是兄弟 —————————————34
  - 求倍数的方法 ———————————————42
  - 用倍数做比较 ———————————————44
  - 思考开心博士提出的新问题 —————————46
  - 考虑倍的倍 ————————————————48
  - 什么是比率? ———————————————51
  - 如果把浓食盐水和淡食盐水混合起来,那么……——53
- ●关于比例的讨论(2) ————————————55
  - 把整体作为1来考虑 ————————————56
  - 要计算比例做张表看看 ———————————57
  - 如果用分割水槽的办法来表示比例,那么……— 58
  - 做一个带状图表 ——————————————58
  - 使用比例,由部分求整体 ——————————60
  - 谁的蛋奶冷饮好喝? ————————————62
  - 比例和比例式 ———————————————64
  - 比值 ———————————————————68
  - 把煤油分别加入3个煤油炉内 ————————69

- ●神奇的变身箱————————————74
  - 身边的变身现象——————————78
  - 什么是黑箱子?————————————80
  - 萨沙梦见大青蛙怪兽————————82
  - 罗伯特梦见长着翅膀的
  - 狮子和半人半马的怪物—————— 84
  - 米丽娅梦见一只海鸥变成了两只———86
  - 开心博士制作了黑箱子
    - ——数的变化——————————88
  - 黑箱子的秘密——在出来的卡片上写
    - 着什么数!—————89
  - 黑箱子的秘密——在放入的卡片上写
    - 着什么数?—————90
  - 黑箱子的秘密——考察黑箱子的功能 91
  - 如果用式子表示黑箱子,那么……—92
  - 嘟嘟非常讨厌符号—————————94
  - 比例图——————————————98
  - 大自然也变身———————————102
- **答案**————————————————104

神奇莫测的箱子

数学世界探险记

利用装有铜网的水槽来考虑……

什么是比例？

（放学后，萨沙和罗伯特一起到米丽娅家玩。米丽娅家有一个玻璃水槽，里面养着两条金鱼。水槽里有一张铜网，把大鱼和小鱼完全隔开了。）

萨　沙　在水槽里为什么要放一张铜网呢？

米丽娅　如果不这样的话，大鱼常常欺负小鱼，所以只好用铜网把它们隔开。另外，在向水槽里加水的时候，只要向铜网的一侧加水，另一侧的水也就随着增多了。这样当然是很方便的呀，如果是用板子隔开，加水就没这么方便了。所以……

铜网两侧的水量之间有什么关系？

（不久以后，当探险队的成员们来到开心博士的工作室时，萨沙向开心博士讲了在米丽娅家遇到的情况，而且问道：铜网两侧的水量之间有什么关系呢？

开心博士立刻拿出来一个水槽和一张铜网，并且用铜网把水槽隔成了两部分。）

开心博士　米丽娅，你往水槽里加些水好吗？

（米丽娅像在家里那样，在铜网的一侧向水槽里加了些水。）

开心博士　我们都看到了，当水槽里面一侧的水增加的时候，另一侧的水也随着增加。在这种情况下，在铜网两侧的水量之间，应该有怎么样

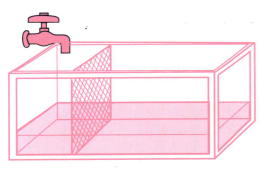

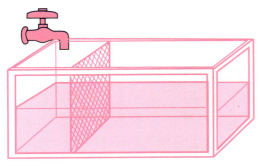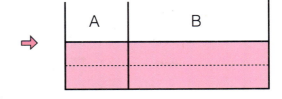

的关系呢？

米丽娅　嗯，A侧的水量增加到2倍的时候，B侧的水量也增加到2倍吧。

萨　沙　说的对。同样，当A侧的水量增加到3倍、4倍……的时候，B侧的水量也随着增加到3倍、4倍……

开心博士　很好，你们说的对。当B侧和A侧的水量之间具有这样关系的时候，我们就说B侧的水量与A侧的水量成比例，也可以说成正比例。

萨　沙　又出现新名词啦！

开心博士　是的，你们应该尽快学会。

数学世界探险记

米丽娅 开心博士,请再教给我们一些关于成比例方面的知识吧!

嘟嘟 真烦人!千万别再提数学的事情了。

(嘟嘟被说话声吵醒了,它伸了个懒腰,说完话又走到房间的一个角落,不一会又响起了鼾声。)

萨沙 嘟嘟太懒了,也真难为它那么能睡。

开心博士 好啦,还是学习关于成正比例的问题吧。为了方便,我们把水槽里由铜网隔开的两部分,分别记作A和B。请大家考虑,如果已知当A有1 l水时,B有2 l水,那么当A又增加1 l水的时候,会出现什么情况呢?

米丽娅 因为铜网透水,所以向A加水时,一定会有一些水流进B。

罗伯特 由于成比例,因而A增加1 l水时,B一定增加2 l水,只有一共加入3 l水时,A才能增加1 l水。

米丽娅 的确是这样。

萨沙 对,如果接着向A中加水的话,A每增加1 l水,B就增加2 l水。

开心博士 看看左下图请回答,在( )里应该填写什么数呢?

米丽娅 填写2,对吗?

罗伯特 对,总之,不论水位在哪里,总是A中的1 l水对应着B中的2 l水。

开心博士 像这样,在A中每增加1 l水,在B中都增加2 l水时,我们就说B的水量与A的水量成比例。

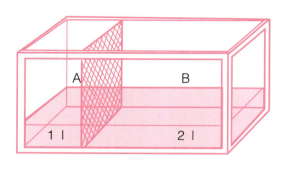
↓
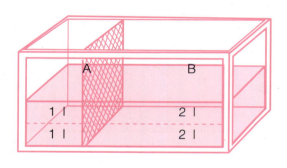
↓
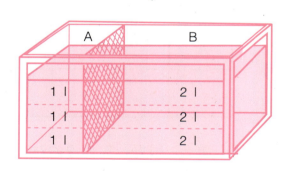

A	B
1 l	( ) l
1 l	2 l
1 l	2 l
1 l	2 l

1. 在下面的各图中，如果B的水量与A的水量都是成比例的，那么（ ）内应填什么数？

①
A	B
1 l	3 l
1 l	( ) l
1 l	3 l
1 l	3 l

②
A	B
1 l	( ) l
1 l	( ) l
1 l	2.4 l
1 l	( ) l

③
A	B
1 l	$1\frac{4}{7}$ l
1 l	( ) l
1 l	$1\frac{4}{7}$ l
1 l	( ) l

④
A	B
0.8 l	1 l
( ) l	1 l
( ) l	1 l
( ) l	1 l

2. 在下面的各图中，哪些图里的左、右侧水量成比例？

①
1 l	$1\frac{1}{3}$ l
1 l	$1\frac{1}{3}$ l
1 l	$1\frac{1}{3}$ l
1 l	$1\frac{1}{3}$ l

②
1 l	1.5 l
1 l	1.3 l
1 l	1.1 l
1 l	0.9 l

③
1 l	1.2 l
1 l	1.2 l
1 l	1.2 l
1 l	1.2 l

④
1.7 l	1 l
1.6 l	1 l
1.3 l	1 l
1.4 l	1 l

3. 在下面的各图中，如果左、右侧水量都是成比例的，那么（ ）内应填写什么数？

①
1 l	2.4 l
1 l	( ) l

②
1 l	1.9 l
1 l	( ) l

③
1 l	( ) l
1 l	( ) l
1 l	( ) l
1 l	2.14 l

④
( ) l	1 l
0.4 l	1 l

比例计算①

把水槽的两个示意图合起来画就更清楚了

开心博士 现在我们来看这个水槽。如果水槽被铜网隔开后,左侧有1 dl水时,右侧有4 dl水。那么,当左侧的水由1 dl变成3 dl的时候,右侧的水变成多少分升?

罗伯特 我们一边画图一边来考虑考虑吧。

米丽娅 喂,萨沙你脑袋里的点子多,还是你来画吧。

(萨沙非常简单地画出了水槽示意图。)

萨 沙 这样画很节省时间。而且,利用这个图来考虑,很容易明白。

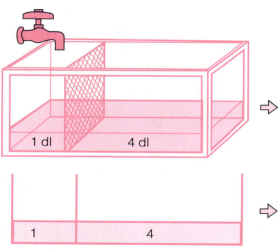

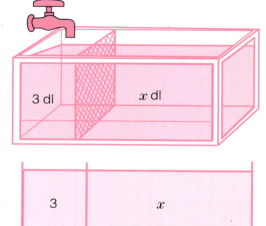

(开心博士微笑着点头表示同意。)

开心博士 只要能够表示清楚,那么画出来的图当然越简单越好啦。还有一个更简单的办法,就是像右图那样,把水槽的两个示意图合在一起来画。这样画的好处,当你使用熟悉了以后,自然也就清楚了。

罗伯特 一画出这样的图,那么从上到下一看就清楚了。

米丽娅 当然,图中的 x 表示所要求的水量。

萨 沙 由于左侧的水增加到原来的3倍,因此右侧的水也应该增加到原来的3倍。

米丽娅 这样,求 x 就变成很简单的事了,就是4 dl的3倍嘛。

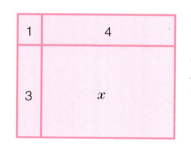

$x = 4 \times 3$
$x = 12$
答 12 dl

1	1.8
3.1	x

开心博士　这回直接给出合在一起的水槽的两个示意图，请解出图中的 x。

米丽娅　这回又有新花样啦，连小数也出现了。

罗伯特　不过，考虑的方法还是相同的呀。x 等于1.8的3.1倍，即

$$x = 1.8 \times 3.1$$

萨　沙　可得仔细点儿计算，千万别弄错了。

（3个人都进行了计算，其结果都是5.58。他们计算的对吗?）

1. 下面各图中的 x，分别等于多少？（单位：dl）

① ② ③ ④

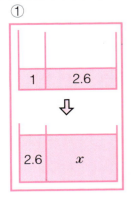
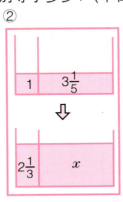
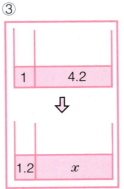
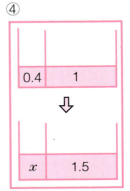

2. 下面各图中的 x，分别等于多少？（单位：dl）

1	2.4
2.1	x

1	$1\frac{3}{5}$
$1\frac{1}{2}$	x

1	2
1.1	x

$\frac{1}{2}$	1
x	$1\frac{3}{5}$

比例计算②

水哗哗地流出去了

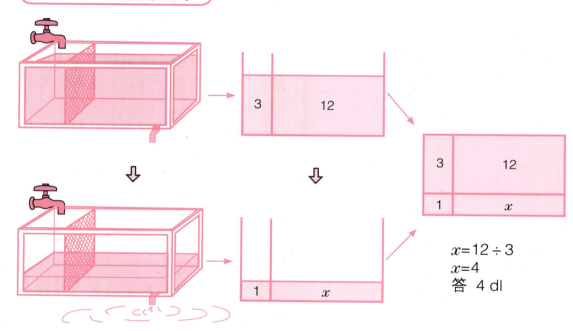

$x = 12 \div 3$
$x = 4$
答 4 dl

开心博士 在这个水槽的左侧有 3 dl 水,右侧有 12 dl 水。哎呀,有一部分水已经从水槽下面的水龙头中哗哗地流出去了。瞧,现在在水槽的左侧还有 1 dl 水,那么在右侧还有多少分升水呢?

萨 沙 这难道也是成比例问题吗?

米丽娅 因为是用铜网隔开的,所以尽管水是变少了,两侧的水量之间理所当然地还是成比例的呀。

萨 沙 所说的成比例,就是一侧的水增加2倍、3倍……的时候,另一侧的水也相应地增加2倍、3倍……现在的情况可不同啊……

米丽娅 量减少的时候道理也是一样的。当一个量变成原来的 $\frac{1}{2}, \frac{1}{3}, \frac{1}{4}, \cdots$ 的时候,另一个量也相应地变成原来的 $\frac{1}{2}, \frac{1}{3}, \frac{1}{4}, \cdots$

罗伯特 在这个问题中,不就是两侧的水量都变成原来的 $\frac{1}{3}$ 了嘛。

萨 沙 对呀,只要用3除12就得出所求的 x 了。

8	3.2
x	1

开心博士 图中的 x 是多少呢?

萨 沙 怎么?这次 x 出现在图中的左下方啦!

罗伯特 当右侧的3.2 dl水变成1 dl的时候,左侧的水从8 dl变成了多少?根据前面所说的道理,尽管 x 是在左侧,考虑的方法也应该是一样的呀。

米丽娅 只要用3.2除8就可以啦。

$x = 8 \div 3.2$
$x = 2.5$
答 2.5 dl

1. 下面各图中的 x,分别等于多少?(单位:dl)

① 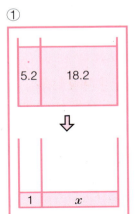   ② 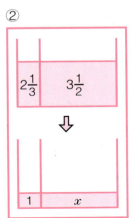   ③ 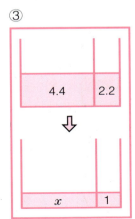   ④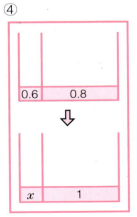

2. 下面各图中的 x,分别等于多少? (单位:dl)

①

2.5	5.2
1	x

②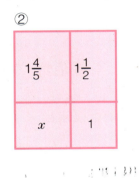

$1\frac{4}{5}$	$1\frac{1}{2}$
x	1

③

12.3	4.1
x	1

④

$1\frac{1}{5}$	2.2
x	1

比例计算③

首先考虑关于1的情况

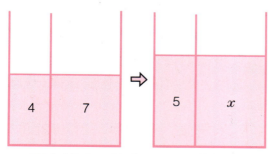

开心博士 注意，下面的问题可是比较难的呀。当水槽左侧有4 dl水时，右侧有7 dl水。那么当左侧的水增加到5 dl时，右侧的水应该变成多少呢？如果这个问题能解开的话，那么，我将用果汁来招待大家。

大块头、胖噜噜 妙极了！加油干吧。

（大家一起苦苦地思索起来。）

嘟 嘟 我怎么也弄不明白。

（嘟嘟也尽力地思考着，但是，不一会儿它又睡着了，而且说起了梦话。）

嘟 嘟 这太难对付啦……太难……

（嘟嘟进入了梦乡。好像嘟嘟不论在什么地方，也不论在什么情况下都能酣然入梦。）

萨 沙 还是做不出来呀。如果左侧的水量是1 dl的话，那么使用前面的方法还能算出来……

（突然，罗伯特高声叫喊起来。）

罗伯特 等等，听我罗伯特的！如果把左侧的水量变成1就可以啦！

萨 沙 怎么回事，要把左侧的水量变成1？

罗伯特 对，萨沙的话启发了我。左侧的4 dl水变成1 dl的时候，右侧的水变成多少了呢？

米丽娅 7÷4，嗯，变成了 $\frac{7}{4}$ dl了。

罗伯特 这样，当左侧的水再变成5 dl的时候，那么右侧有多少水不就可以求出来了嘛！

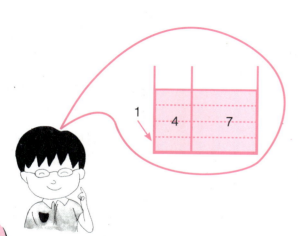

萨 沙 就按照你说的考虑顺序，我来画一个水槽示意图。为了求 x，我们先把当左侧有 1 dl 水时，右侧应该有的水量求出来，并填进( )里，然后就可以像罗伯特所说的那样，把 x 求出来。

米丽娅 原来就是把比例计算②与比例计算①的情况结合起来呀。

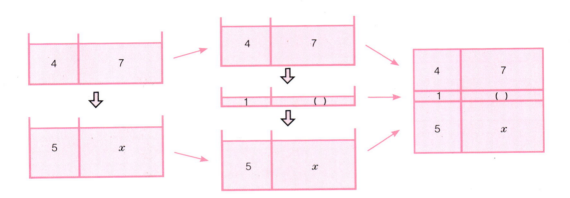

开心博士 请看我重新整理的示意图。如果利用这个图来考虑，那么立刻就可以回答出所要求的水量了。

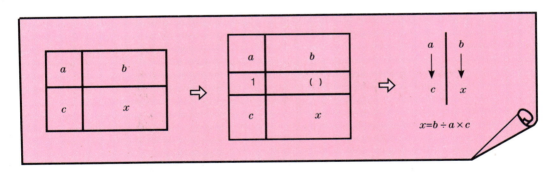

米丽娅 明白了。对这个问题来说，就是……

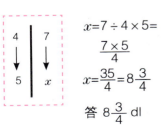

$x = 7 \div 4 \times 5 =$
$\dfrac{7 \times 5}{4}$
$x = \dfrac{35}{4} = 8\dfrac{3}{4}$

答 $8\dfrac{3}{4}$ dl

开心博士，招待果汁的诺言还算数吗？

数学世界探险记

(在这个图中，x是多少呢？)

萨 沙 虽然表示水量的是小数或分数，但是考虑的方法是一样的。

胖噜噜 不就是用用公式，然后再算算嘛。看，我已经顺利地解出来了。

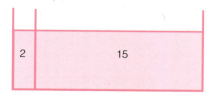

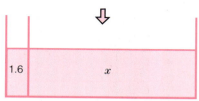

$x = 15 \div 2 \times 1.6 =$
$\dfrac{15 \times 1.6}{2} = 12$

答 12 dl

下面各图中的x分别等于多少？(单位：dl)

①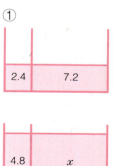

②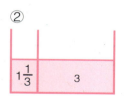

③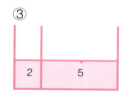

④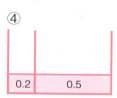

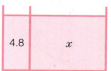
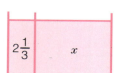
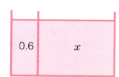

⑤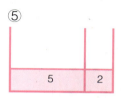

⑥

⑦

⑧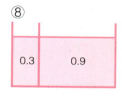

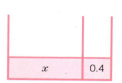
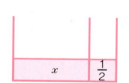
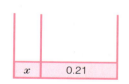

关于比例的讨论(1)

果汁量与价钱的关系

（因为大家答出了开心博士提出的问题，所以都兴高采烈地来到果汁自动售货机旁。）

萨 沙 嘟嘟又睡着了，我们干脆把这个不讨人喜欢的家伙抬到别的地方去算啦。

米丽娅 算啦，别使坏啦。赶快把它叫醒吧。

（大家利用学习的间歇时间，一口气喝了许多香甜爽口的果汁。）

开心博士 对这台果汁自动售货机来说，只要放进去1元的硬币，就会有1.5 dl的果汁自动流出来。那么请大家考虑一下，从自动售货机中流出来的果汁量，与放进去的1元硬币的个数成比例吗？

萨 沙 什么？这里也有数学问题啊！

（萨沙有气无力地说。）

米丽娅 用我们已经掌握的数学方法，对自动售货机中的比例问题进行研究，是不成什么问题的吧？

开心博士 是呀。这个问题，对你们来说，是能够解决的。

罗伯特 我认为，从自动售货机中流出的果汁量与放进去1元硬币的个数是成比例的。

开心博士 是吗？

罗伯特 如果不成比例，那就是想多赚钱的人在自动售货机里做了手脚。

开心博士 哈哈……是吗？如果真是那样，那么我们就把它调整一下，使得真正成比例吧！

数学世界探险记

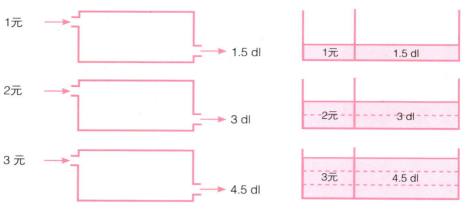

米丽娅 如果放入1元，那么就有1.5 dl的果汁流出，所以如果放入2元，那么就有1.5 dl的2倍的果汁流出。写成式子就是 $x = 1.5\ dl \times 2$，计算得3 dl。

萨沙 如果放入3元的话，那么由 $1.5\ dl \times 3$ 计算得4.5 dl。

开心博士 这种关系能用一种简单、容易理解的示意图表示吗？

众人 ……？

开心博士 想想刚才在工作室做过的事情嘛。

罗伯特 对呀！如果适当地用水槽图就可以啦。

开心博士 说的对。上边的图画的是自动售货机的示意图，入口和出口处的数字表明了钱与果汁的关系。右边的图，是使人更容易看懂的水槽示意图。

米丽娅 利用水槽示意图，确实更清晰明了。

罗伯特 如果放进去的钱数变成2倍、3倍……那么，显然流出的果汁量也随着变成2倍、3倍……

米丽娅 所以，从自动售货机中流出的果汁量与放入的钱数是成比例(正比例)的。

(萨沙在很长一段时间内，一直在看着嘟嘟睡觉，同时嘴里还数着什么。)

萨沙 我觉得嘟嘟睡觉时，打呼噜的次数与时间好像也成比例。听，在一分钟内打呼噜12次，在紧接着的下一分钟内也打呼噜12次，再下一分钟还是12次。

米丽娅 所以，当时间变成2倍、3倍……的时候，打呼噜的次数也变成2倍、3倍……

开心博士 不过，一般来说，打呼噜的次数与时间是不成严格比例的。

罗伯特 在睡觉期间，很少有人一直不变地打呼噜。另外，打一次呼噜所用的时间常常是不一样的。

萨沙 尽管这样，可是嘟嘟打的呼噜确实与时间成比例呀！

开心博士 好了，我们还是讨论别的成比例的事情吧。

装在盒里的简装蛋糕个数与价钱成比例吗？

米丽娅　我特别喜欢的简装蛋糕，每个是8元。去买蛋糕的时候，还需要买一个装蛋糕的盒子，要花2元。在这种情况下，买来的蛋糕的个数与所花的钱数成怎样的比例呢？

萨　沙　物品与所花的钱数一般是成比例的。如果不成比例就不公平啦。

罗伯特　正因为成比例，所以才能算出买的东西要花多少钱。譬如说，如果要买5个蛋糕，那么应该花多少钱呢？

米丽娅　买5个蛋糕，要花8元×5=40元。另外，蛋糕要装在一个盒子里，所以共花40元+2元=42元。

萨　沙　当买10个蛋糕的时候，由于10个是5个的2倍，因而不就是共花42元×2=84元吗？

罗伯特　不对吧，因为1个蛋糕要花8元，10倍起来就是8元×10=80元，再加上买盒子花的2元，加起来应该是82元呀。

米丽娅　因为不论是大盒还是小盒都是2元，所以罗伯特的计算肯定是正确的。

萨　沙　对呀，总算弄明白啦。同样道理，买15个蛋糕的时候，共花8元×15+2元，就是122元。真的，好像并不成比例呀。

罗伯特　再画个示意图看看吧。

米丽娅　这个水槽图的水面，好像是一个小台阶。可是水槽是用铜网隔开的，并不应该画成这样呀。

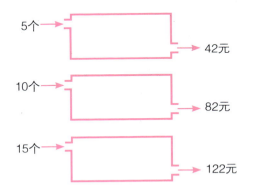
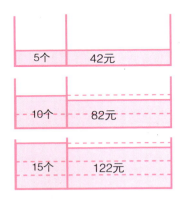

萨　沙　如果是用不透水的板子把水槽隔开，水就不通了。这一点是应该能想到的。如果一定要用装有铜网的水槽来考虑比例的话，那么，我们可以先不考虑盒子，只考虑蛋糕的个数与价钱，那样不就成比例了嘛！

米丽娅　在这个世界中，成比例的和不成比例的事情，都是多种多样的。

数学世界探险记

是成比例,还是不成比例?

① 买1本笔记本需10元,买的本数与花的钱数。

② 35元1米的布,其长度与价钱。

③ 同样规格的钢丝的长度与质量。

④ 年龄与体重。

⑤ 一台匀速行驶的汽车,其行走的时间与距离。

⑥ 年龄与身高。

⑦一个正方形的边长与面积。

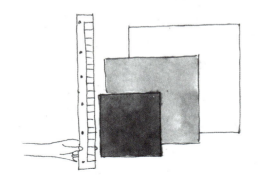

⑩同一种牛奶的质量与其中含有蛋白质的量。

⑧公共汽车的票价与距离。

⑪每个牛奶糖盒里装有20块糖，那么糖盒的数量与糖的块数。

⑨面积相等的长方形，其长边的长度与短边的长度。

⑫长边的长度不变的长方形，其短边的长度与面积。

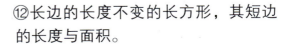
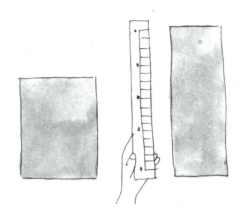

用牛奶做奶酪!

开心博士 奶酪是用牛奶做成的，你们大概知道吧。实际上，用3l牛奶可以做成120 g奶酪。那么，用18l牛奶能够做成多少克奶酪呢？

（为了好看，可以加点黄色的食用色素。）

米丽娅 看看画在下面的示意图吧。

萨 沙 啊?怎么，与考虑果汁自动售货机的比例问题时所画的图一样啊!

米丽娅 这是想象中的用牛奶加工奶酪的机器。有什么问题吗？

罗伯特 真的，从左边加入牛奶，从右边就出奶酪啦。

开心博士 这个想法确实很高明。

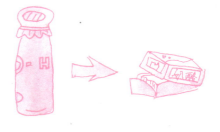

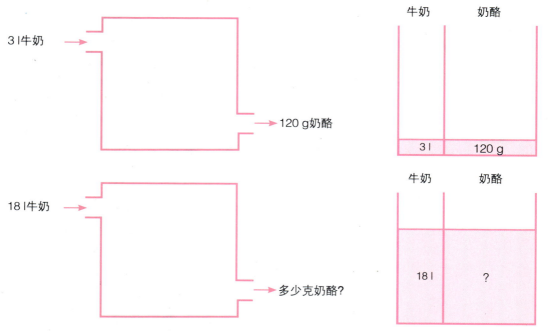

米丽娅 然后，再画一个水槽示意图就更容易明白了。

萨 沙 米丽娅的头脑可真不简单啊!

（米丽娅受到萨沙的称赞，感到很高兴。）

罗伯特 所以，牛奶量与做出来的奶酪量是成比例的。

开心博士 对解决问题有帮助的水槽图，你们3个人都已经能够很快地想出来啦。

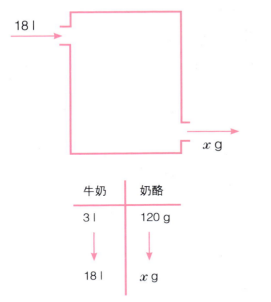

萨　沙　如果把18 l的牛奶放入加工机器，那么设做出来的奶酪是x g就行了。左边的图是模仿米丽娅画的示意图。

罗伯特　那么，列个表看看怎么样？

萨　沙　嗯。再用本书第13页给出的公式$x=b\div a\times c$来计算就可以啦。

$x=120\div 3\times 18=$
$\dfrac{120\times 18}{3}=720$

答　720 g

1. 汽车行驶的距离与耗油量成比例。一台行驶48 km消耗汽油3 l的汽车，如果行驶240 km，那么消耗汽油多少升？

2. 一台行驶96 km消耗12 l汽油的汽车，用5 l汽油可以行驶多少千米？

3. 按40 m² 的田地施1.2 kg化肥的比例施化肥，那么在8 a田地里需要施多少千克化肥？（1 a=100 m²）

4. 长5 m的金属丝质量为110 g，那么质量为230 g的同样金属丝长是多少米？

5. 粉刷10 m² 的墙壁需要2.5 kg涂料，那么按同样比例粉刷15 m² 的墙壁需要多少千克涂料？

6. 用14元可以买350 g猪肉，那么买150 g这样的猪肉需要多少元？

数学世界探险记

乘缆车登山！

开心博士 下面的问题应该怎样解决呢？有一台高山缆车，每前进8 m升高4.8 m。如果缆车一直向前走，而且按相同的比例升高，那么它前进70 m时升高了多少米？

罗伯特 这个问题也可以先画出一个示意图吧。

米丽娅 仍然用水槽图行吗？

萨沙 画出来的图，看上去应该是像山的样子吧？

米丽娅 别说出来！这次该请罗伯特画示意图啦。

萨沙 嘿嘿，真有点不好意思。

米丽娅 罗伯特画的示意图是什么样子呢？

罗伯特 当缆车前进的距离是8 m的2倍、3倍……的时候，那么它也随之升高了4.8 m的2倍、3倍……

米丽娅 所以，不用说应该是成比例的喽。

萨沙 真有意思，这么顺利就给出答案啦！看来数学还是容易入门的呀。

罗伯特 一开始觉得难做的问题，只要冷静地观察和分析，那么还是能弄明白的。

米丽娅 把问题整理好之后，按顺序来考虑就行了。

开心博士 做这种练习问题的时候，用不着一个一个地画水槽图，只要画出表格就清楚了。

罗伯特 这种表格实际上与合在一起画的水槽示意图一样容易理解。

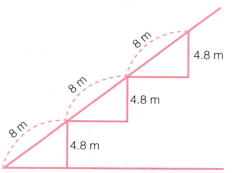

开心博士 如果从500 g海水中能够提取14.8 g食盐,那么从1 t海水中能提取多少千克食盐?

萨沙 难啊,这里不仅有克和千克,还掺和着吨呢!

米丽娅 把我也弄糊涂啦!

大块头 面对大千世界,我们有很多不懂的东西。现在,我可以给你们一点帮助:1 t等于1 000 kg,也就是1 000×1 000 g。

罗伯特 太好了!这样就可以求x了。

$x = 14.8 ÷ 500 × 1 000 × 1 000 = 29 600$ g。这个结果也可以写成29.6 kg。

开心博士 1 t等于1 000 kg。如果把海水和食盐的量都用千克做单位,那么也能够计算了。

米丽娅 是下面那个表格表示的吧。

开心博士 现在请大家编一些关于比例的题目怎么样?

米丽娅、萨沙、罗伯特 好啊。不过,这可有点难啊!

(在他们3个人编题期间,你先接受下面"做做看"的挑战吧。)

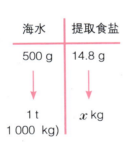

海水	提取食盐
500 g	14.8 g
↓	↓
1 t (1 000 kg)	x kg

$x = 14.8 ÷ 500 × 1 000 =$
$\dfrac{14.8 × 1 000}{500} = 29.6$

答 29.6 kg

1. 在一个坡道上每走200 m就能升高12 m,那么在这个坡道上走520 m能升高多少米?

2. 在同一时刻,物体的高度与它的影子的长度成比例。已知在校园里垂直插着一根长为1.5 m的木棒,它的影子长为1.2 m,又知一棵树的影子长是16 m,那么这棵树高多少米?

3. 放入30 g食盐能配制240 g的食盐水,配制同样的食盐水560 g需要多少克食盐?

4. 空气中所含的氮气量与空气量成比例。在10 m^3的空气中,含有8 m^3的氮气。那么在宽4 m,长10 m,高2 m的房间中,所含的氮气有多少立方米?

解答萨沙提出的问题

萨 沙 我出一个关于轮船的问题。有一艘轮船,行驶3 h前进81 km。那么以同样的速度行驶13 h,前进多少千米?另外,时速是多少千米?

开心博士 很有趣的轮船问题!因为是以相同的速度行驶,所以是成比例的喽。

米丽娅 先做出下面的表格。因为$x=81÷3×13$,所以经计算得351。这表明轮船前进351 km。

罗伯特 关于时速嘛,由于$x=81÷3$,因此$x=27$。所以轮船的时速是27 km。

萨 沙 没错!解答得很简捷。

时间	行驶距离
3 小时	81 km
↓	↓
13 小时	x km

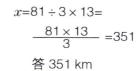

$x=81×3×13=$
$\dfrac{81×13}{3}=351$

答 351 km

1. 有一列4 h行驶250 km的火车。如果以同样的速度行驶7 h,那么可以行驶多少千米? 另外,行驶750 km需要多少时间?

2. 在校园内清除杂草,已知清除270 m^2的杂草用了30 min。现在还剩下720 m^2的杂草未除。如果以同样的速度除草,那么清除剩余的那些杂草还需要多少分钟?

3. 有一根水管2.5 h能流出30 m^3的水。如果用这根水管向游泳池内注水7.5 h,那么一共注入了多少立方米水?

4. 有一台7 min能印10 150张报纸的轮转印刷机。如果用这台机器印刷4 640张报纸,那么需要几分钟?

接受罗伯特提出的关于"慢表问题"的挑战

罗伯特 有一块1周慢8 min的手表。请问,15天后这块手表慢多少分钟?

萨 沙 怎么,连续慢15天也不管,这个人可真够懒惰的啦。

米丽娅 一定是像嘟嘟那样的人吧。

萨 沙 慢下来的时间是与天数成比例的吧?

米丽娅 天数变成1周的2倍,3倍……的时候,慢的时间也就随之变成了8 min的2倍,3倍……所以是成比例的。

萨 沙 那么就计算一下吧。因为1

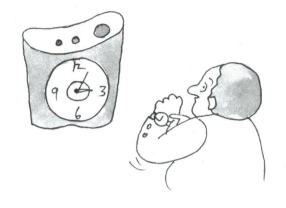

周是7天,所以改写成天数以后,先做表格。因为 $x = 8 \div 7 \times 15$,所以经计算得 $17\frac{1}{7}$。

米丽娅 这块表15天后慢 $17\frac{1}{7}$ min。

 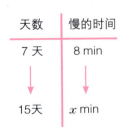

$$x = 8 \div 7 \times 15 =$$
$$\frac{8 \times 15}{7} = \frac{120}{7} = 17\frac{1}{7}$$
答 $17\frac{1}{7}$ min

1.一块2天快20 s的表,按这样的比例,1周后快多少?

2.一块4天慢2 min 2 s的表,按这样的比例,1周后慢多少?30天后呢?

3.一块早晨7点钟按报时对准的表,到了晚上6点钟报时的时候快了7 s。如果对这表不做调整,那么到第二天早晨7点钟时,它快了多少呢?

4.一块28 h慢10 s的表,经1 h 20 min慢多少秒?

考虑米丽娅提出的问题！

米丽娅 如果向一个游泳池注入900 l 水，那么水深为5 cm。当这个游泳池水深为16 cm的时候，里面的水有多少升呢？

开心博士 因为游泳池是长方体，所以横截面积是不变的。

罗伯特 是的。所以水深变成5 cm的2倍，3倍……的时候，水量也随之变成900 l的2倍，3倍……总之是成比例的。于是

$x = 900 \div 5 \times 16 = 2880$

米丽娅 我原来本打算编一个小

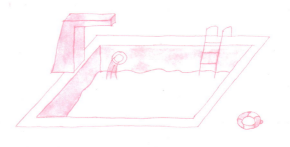

浴池的问题。但是，由于小浴池底面的四角是半圆形的，所以……

开心博士 所以里面水的深度与水量，是不成比例的。如果不计较半圆形状的四角，而是按长方体来考虑，那么也就是比例问题啦。

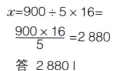

$x = 900 \div 5 \times 16 =$
$\dfrac{900 \times 16}{5} = 2880$

答 2 880 l

1. 有一个长方体的容器，当放入13.1 l 水时，水的深度为5.4 cm。如果往这个容器中放入的水深度达到12 cm的时候，里面有多少升水？

2. 有一个圆柱容器，当放入4 l 水时，水的深度为2.4 cm。如果往这个容器中放的水深度达到25.2 cm的时候，里面有多少升水？

3. 有一块面积为2a的长方形的田地。如果这块田地的长边不变，而短边的长度由原来的6 m，延长到50 m，那么这块田的面积变成了多少公亩？

大块头　请考虑我出的问题！这是一个与以前做过的题稍有不同的问题，问题是这样的。根据左边的表格，构造一个比例问题，并且给出答案。

胖噜噜　太简单，太简单啦。大块头提出的问题总是那么容易。我来给你配个题。一块 3 m^2 的胶合板质量是 7.2 kg。从它上面割下一部分，使割下的部分的面积为 2 m^2，那么割下的部分的质量是多少千克？

胶合板 面积	胶合板 质量
3 m^2	7.2 kg
2 m^2	x kg

$x = 7.2 \div 3 \times 2 =$

$\dfrac{7.2 \times 2}{3} = 4.8$

答　4.8 kg

根据下面的表格，构造比例问题，并给出答案。

①
施化肥 的面积	所用 化肥量
15 m^2	3.5 kg
2 a	x kg

②
行走的 距离	升高的 高度
10 m	20 cm
160 m	x cm

③
海水量	提取的 食盐量
2 kg	60 g
4 t	x kg

④
船行驶 的时间	船行驶 的距离
1.5 h	45 km
7 h	x km

⑤
天数	表慢的 时间
3 天	2 min
25 天	x min

⑥
水槽中 的水深	水槽中 的水量
2.4 cm	40 l
18 cm	x l

数学世界探险记

开心博士 探险队的成员，对"成比例"的问题都基本掌握了。在下面的"做做看"中，是探险队的成员经过认真考虑，提出的各种各样的问题。这就算做是送给你们的礼物吧。

1. 一个苹果园的面积是4.4 ha。如果在这个果园的1.5 ha上可摘330 kg的苹果，那么从整个果园一共可摘多少千克苹果？

2. 铺15 m长的路，需要2.25 t的混凝土。如果铺全长为75 m的路，那么一共需要多少吨混凝土？

3. 一台摩托车行驶40 km需要1.2 dl的汽油。如果这台摩托车行驶120 km，那么需要多少分升的汽油？

1. 有一种金属，当它的体积为50 cm³时，质量为393 g。那么当这种金属的体积为75 cm³时，质量为多少克？

2. 有一种金属丝，当它的长度是21 m时，质量为1 302 g，那么3 m长的这种金属丝质量为多少克？

3. 有一种豆酱，10元能买500 g，那么买3.5 kg这种豆酱时，需支付多少元？

4. 一块330 m²的土地，卖价为1 500万元，如果买这块土地中的275 m²，那么需要多少钱？

5. 用120元可以买某种布的$5\frac{1}{2}$ m。如果买$8\frac{1}{4}$这种布，需要多少钱？

1. 已知600 g食盐水蒸发后剩下50 g的食盐。现有同样的食盐水1 800 g，蒸发后剩下多少克食盐？

2. 有一种在15 ml中含有2 mg维生素B_2的药剂。如果想吃进30 mg的维生素B_2，需要喝进多少毫升这种药剂？

3. 已知在100 m^3的空气中含有20 m^3的氧气。那么在一间高4 m，宽4 m，长5 m的房子里的空气中，含多少立方米的氧气？

1. 某工厂在20天内生产了15 500台电视机。按这个比例在这一年中（365天）能生产多少台电视机？

2. 已知一个人在5天内劳动35 h。按这个比例在一年内（365天）共劳动多少小时（没有休息日）？

1. 一个人用12 min走了780 m，如果这个人以同样的速度走1 h，那么他走了多少米？

2. 一辆电车用1 h 30 min行驶了270 km。如果这辆电车以同样的速度行驶20 min，它能行驶多少千米？

3. 如果一块表1周慢49 s，那么经1个月(30天)慢多少秒？

 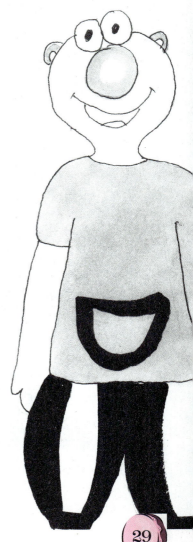

数学世界探险记

究竟有多少倍呢?

（在一个休假日，由于天下雨不好到外面去玩，因此，探险队的成员们都聚集到开心博士的工作室里。）

米丽娅　喂，你们看，大块头和胖噜噜在那儿吵架呢。

萨　沙　不用管，他俩一会就好。

罗伯特　那么高的大块头和那么矮的胖噜噜在一起，多有趣呀。

米丽娅　他们两个人的个头相差太悬殊啦!

萨　沙　饭量相差还特别大呢!没等胖噜噜把1个甜饼吃完，大块头就吃下去5个甜饼啦。

米丽娅　让我们量量他们的身高吧。

（于是，3个人把大块头和胖噜噜拉到一起，并在他们中间立了根木棍，上面画上了他俩身高的标记。）

米丽娅　大块头身高是胖噜噜身高的多少倍呢?

利用水槽考虑倍数

萨 沙 如果以胖噜噜的身高为长度单位,从下向上数,就可以知道大块头身高是胖噜噜身高的多少倍啦。

米丽娅 请把答案说出来呀!

萨 沙 嗯。大块头身高是胖噜噜身高的9倍!

(这时候,开心博士突然出现了。)

开心博士 你们做了一件很有趣的事。欢不欢迎我也加入你们的行列?

米丽娅 哎哟!当然欢迎啦!这样一来你不也是未成年的孩子了吗?

开心博士 那么,我出个题请大家考虑考虑。如上图所示水槽中加入恰好到达1个刻度的水,紧接着把水继续加到第3个刻度的位置。这样,里面的水就相当于原来的3份,当然也就是3倍了。现在,请看看下面的图,然后回答里面的水分别变成了原来的多少倍?

萨 沙 我也画一个图给你们看

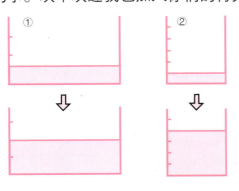
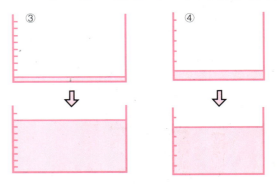
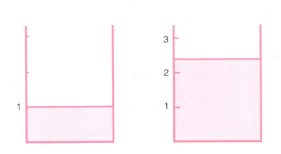

看,你们说,根据我画在左边的这个示意图,后来水槽里的水是原来的多少倍?

米丽娅 2倍……哎呀,另外还剩点零头呢!

罗伯特 喂,萨沙,你看是多少倍呀?

数学世界探险记

萨沙 这个题的确有点难啊。实际上，我是马马虎虎地让水增加到那么多的数量。

米丽娅 怎么搞的?!连萨沙自己也没弄清楚啊!

(萨沙显得有些垂头丧气的样子。)

萨沙 既不是2倍，也不是3倍。

米丽娅 你出了个解不了的题，萨沙真有你的。

罗伯特 好啦，听我说!这些水就是原来水量的2份儿，再加上把原来的水量分成5份儿中的2份儿吧，所以是$2\frac{2}{5}$倍。

米丽娅 要是说2倍或3倍还能理解。可是，$2\frac{2}{5}$倍是怎么回事呢?

萨沙 开心博士，这是怎么回事呢?

开心博士 这也叫做"倍"，与整数的情况一样也使用"倍"这个词。

萨沙 那么，因为$2\frac{2}{5}$等于$\frac{12}{5}$，不也可以说成是$\frac{12}{5}$倍吗?

开心博士 当然可以啦。另外，也可以用小数表示倍。因为$2\frac{2}{5}$等于2.4，所以也叫2.4倍。多亏了萨沙出了这道题。你们看学习是多么有趣的事情啊!

萨沙 哎哟，您过奖了……

米丽娅 还说呢!开始的时候，他脸都变色了。

开心博士 增加后的水量，能够清楚地表示为$2\frac{2}{5}$倍、$\frac{12}{5}$倍和2.4倍。那么原来的水量应该怎样表示才好呢?

米丽娅 因为正好是1份，啊，明白了，是1倍吧。

开心博士 那个容易懂。但是，一般应该表示为1。

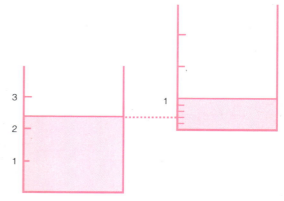

用小数和分数表示水变成了多少倍。

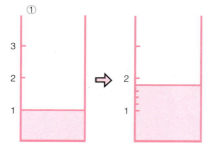

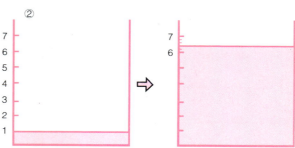

也有比1小的倍数

（这时候，小黑怪突然出现了。它咕嘟咕嘟地喝了水槽里的一些水。）

小黑怪　喂，罗伯特！你看看，这里剩下的水是原来的多少倍呀？

（小黑怪一边用红红的舌头舔着嘴唇，一边阴阳怪气地说。）

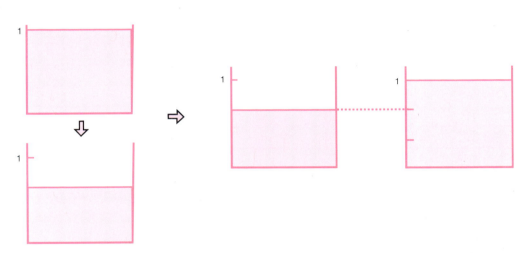

（罗伯特显得非常气愤。）

罗伯特　不成倍！

小黑怪　不成倍？嘿嘿……哪有那样的事情。

米丽娅　罗伯特，别争辩啦。

萨　沙　用刚才的 $2\frac{2}{5}$ 倍的问题的解法不就可以嘛。

米丽娅　对呀！把原来的量分成3份儿，因为变成了2份儿，所以是原来的 $\frac{2}{3}$ 倍。

开心博士　我们的米丽娅回答的非常正确。另外，最好去掉 $\frac{2}{3}$ 倍中的倍字，而说成"……的 $\frac{2}{3}$"。

（小黑怪狠狠地盯了米丽娅一眼，悄悄地溜走了。）

罗伯特　请原谅我，说什么不成倍，真不应该。就怨我的眼镜有些模糊不清了。

（米丽娅忍不住扑哧一下笑了起来。由于罗伯特的眼睛有点毛病，看什么都不大清楚，所以一直戴着眼镜，说完话，他一直在擦着自己的眼镜。）

倍数与比例是兄弟

开心博士 请看水槽上的刻度2，3，4……实际上，这些数字表示的就是倍数。你们知道吗？

米丽娅 表示倍数，就是当水达到2，3……刻度的时候，水量也就变成了2倍、3倍……所以，水量与表示刻度数成比例。

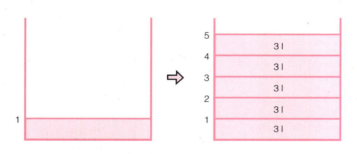

开心博士 当表示倍的数(刻度)是5时，那么表示水量的( )中应该填写什么呢？

萨 沙 是15。

开心博士 如果是成比例的，那么就可以使用下面给出的公式。

萨 沙 原来，我们讨论的倍与比例有很密切的联系呀。

开心博士 是的。倍数和比例是兄弟。

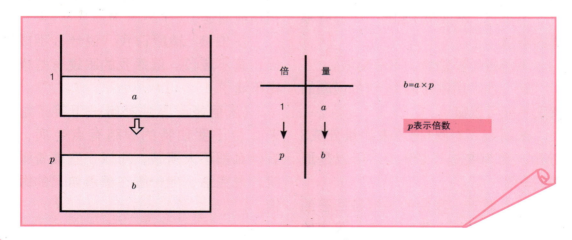

$b = a \times p$

p 表示倍数

罗伯特　据式 $b = a \times p$，15 l 的 $1\frac{1}{3}$ 倍是多少也应该能求出来吧。

开心博士　分数倍也可以，做做看。

萨　沙　我来一个，15 l 的 $\frac{2}{3}$ 是多少。嗯，……。

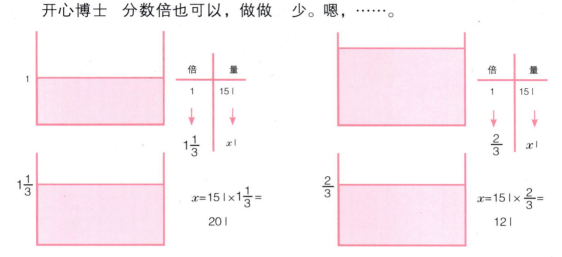

（罗伯特和萨沙在上面都给出了正确的解答。现在，请你解答下面的问题吧。）

1. 根据下面的表格，分别求出 x。

倍	量	倍	量	倍	量	倍	量	倍	量	倍	量
1	5 l	1	3.1 l	1	$1\frac{2}{3}$ g	1	1.5 kg	1	$5\frac{1}{3}$ m	1	2.4 m²
↓	↓	↓	↓	↓	↓	↓	↓	↓	↓	↓	↓
7	x l	4.2	x l	$2\frac{1}{3}$	x g	$4\frac{1}{5}$	x kg	$\frac{1}{9}$	x m	0.3	x m²

2. 利用表格解答下面的问题。

① $4\frac{2}{3}$ m³ 的 $2\frac{7}{9}$ 倍，3.3倍，$\frac{1}{3}$ 倍，0.6倍，各是多少立方米？

② $\frac{1}{5}$ km 的 4 倍，3.9倍，0.04倍，$\frac{1}{7}$ 倍，各是多少千米？

③ 0.4 kg 的 12 倍，4.4倍，0.4倍，$3\frac{1}{2}$ 倍，$\frac{1}{4}$ 倍，各是多少千克？

数学世界探险记

如果胖噜噜悬挂在螺旋弹簧上

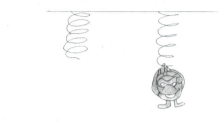

胖噜噜 我也编一个问题吧!

(胖噜噜在大块头肚子前面的口袋里,像吹响了短笛似的高声喊叫着。)

胖噜噜 有一个长 $14\frac{1}{2}$ cm 的螺旋弹簧。如果把我悬挂在弹簧的一端,那么弹簧的长就变成了原来长的1.6倍。请问,这时的弹簧长是多少厘米?

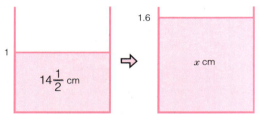

$x = 14\frac{1}{2} \times 1.6 =$

$14.5 \times 1.6 =$

23.2

答 23.2 cm

大块头 把我也悬挂上去看看。

(大块头说话的声音,像敲响了大鼓。)

大块头 好像弹簧的长度变成了8.5倍吧。

胖噜噜 嗤,嗤,嗤!

(你来计算一下,把大块头悬挂上去后,弹簧的长度吧。)

> 把我挂上去的时候,弹簧变成了多少厘米?

做做看

1. 一户农民去年地里产小麦105 kg,今年小麦的产量是去年的1.3倍,那么今年产小麦多少千克?

2. 一户农民去年地里产稻子435 kg,今年稻子的产量是去年的$\frac{13}{15}$,那么今年产稻子多少千克?

3. 一户农民有84 a田地,今年用了其中的$\frac{7}{12}$的田地盖了工厂,那么盖工厂占用的土地是多少公亩?

大块头的存款……

大块头　既然考虑了胖噜噜的那个问题，那么也考虑一下我出的问题吧。我一共有80元的零花钱，但是我想把其中的$\frac{3}{4}$储蓄起来。那么应该储蓄多少元呢？

胖噜噜　哼！要是你真的只有那么点钱，就干脆拿来买茶点算了。

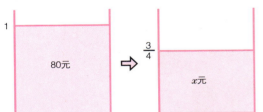

倍	量
1	80元
↓	↓
$\frac{3}{4}$	x元

$x = 80 \times \frac{3}{4} =$

　　　60

　　答　60元

大块头和胖噜噜总是其中一个刚刚讲完话，另一个就哇啦哇啦地吵起来。我们别管他们。还是看看下面的问题怎么做吧！

1．一个人买了长为3.6 m的金属丝准备使用。但是，实际上仅用了其中的$\frac{5}{6}$，那么共使用了多少米？

2．一辆客车有60个座位，而实际上，乘坐的人数是座位数的1.3倍，那么实际乘坐了多少人？

3．一水池的水深是1.2 m。因扫除用去了一些水之后，水深变成原来的$\frac{1}{15}$。那么剩下来的水深度是多少厘米？

4．甲有105元。哥哥的钱数是他的钱数的2.4倍，弟弟的钱数是他的钱数的$\frac{2}{5}$。那么甲的哥哥和弟弟各有多少钱？

栽蔷薇花苗

开心博士　有84棵蔷薇花苗，栽种到院子里的仅用了其中的 $\frac{4}{7}$。那么，还剩下多少棵蔷薇花苗？

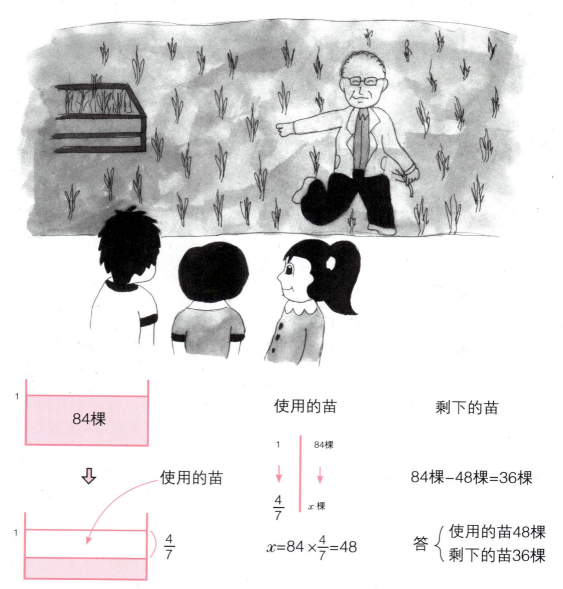

罗伯特　如果把苗的数量看成是水量，那么画出水槽图就好办了。

米丽娅　如果把图中的白色部分理解为已经使用了的苗数，那就可以了。

萨沙　那样的话，从原来的84棵中减去使用了的 x 棵，就是剩下的苗数了。

使用的苗

$x = 84 \times \frac{4}{7} = 48$

剩下的苗

84棵 − 48棵 = 36棵

答 $\begin{cases} 使用的苗48棵 \\ 剩下的苗36棵 \end{cases}$

1. 一户农民去年产了72 kg樱桃，今年比去年少产了0.05倍，今年产樱桃多少千克？

2. 如果开汽车从A街到H街，要消耗汽油5.8 l，而开摩托车从A街到H街，消耗的汽油量是开汽车去消耗油量的$\frac{11}{20}$。那么，开摩托车从A街到H街要消耗汽油多少升？

3. 乙去观看职业棒球队的夜间比赛，今天观众的人数比昨天的52 000名观众少0.2倍。那么，今天观看比赛的有多少人？

4. 丙有135元。她用这些钱的$\frac{1}{15}$买了2个笔记本。用这些钱的0.2倍买了一本书，剩下的钱拿去储蓄。请问储蓄多少元？

5. 甲一共有96 a田地，其中$\frac{2}{3}$种小葱，$\frac{1}{6}$种菠菜，剩下的田地种白薯。请问，用于种白薯的田地共有多少亩？

6. 从甲家到他的表兄家的路长60 km，其中，这段路的0.75倍可以乘电车，这段路的$\frac{1}{5}$可以乘公共汽车，其余的路必须步行。那么，必须步行的路有多少千米。

7. 乙家的附近有一个深度为3.15 m的长方体水池。因为去年当地长期干旱，现在水池中的水深比去年水池深度浅$\frac{1}{15}$。那么，现在水池中的水深是多少米？

8. 丙住的村子里的村民，在山上共种植了4 200棵树苗，其中的$\frac{1}{3}$是杉树，$\frac{4}{7}$是松树，其余的是桧柏。那么，一共种了多少棵桧柏树苗？

9. 甲所在的5年级共有205名学生，其中有$\frac{2}{5}$住在A街，$\frac{13}{41}$住在B街，其余的与甲同住在另一条街。那么，在5年级的学生中有多少人与甲同住一条街道？

数学世界探险记

电车里有多少乘客？

开心博士　这回还是由我出个题吧。某辆电车的座位数是145人。现在，车里没有座位的人数是有座位人数的 $\frac{1}{5}$。那么这辆电车里一共有多少乘客？

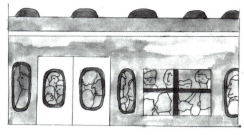

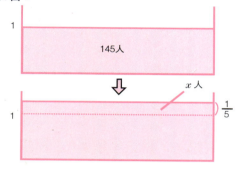

无座位人数　　乘客总人数

| 1 | 145人 | 145+29=174人 |

$\frac{1}{5}$　　x 人

$x = 145 \times \frac{1}{5} = 29$　　答　174人

米丽娅　利用水槽图，很容易算出无座位的乘客人数是29人。

萨　沙　如果用有座位的乘客人数再加上没有座位的乘客人数，就可以求出电车里所有乘客的人数了。

1. 一户农民去年收获了5 760 kg稻子，今年比去年多收了去年收获量的 $\frac{1}{12}$。那么，今年收获稻子多少千克？

2. 甲家为了试一试电视机放在什么位置更合适，买来 $3\frac{1}{3}$ m长的绝缘电线。试着找到了电视机最合适的摆放位置，结果买来的电线又短了0.2倍。那么，应该买多少米绝缘电线正好呢？

3. 甲现在有114元。明天又可以从叔叔那里拿到现有钱数 $\frac{5}{6}$ 的钱，那么，甲拿到叔叔给的钱后共有多少钱？

1. 求出下面表格中的 x。

① 倍	量	② 倍	量	③ 倍	量	④ 倍	量	⑤ 倍	量
1	5 dl	1	4.8 l	1	$\frac{3}{4}$ g	1	$5\frac{1}{6}$ kg	1	5.2 m²
↓	↓	↓	↓	↓	↓	↓	↓	↓	↓
4.4	x dl	3	x l	$3\frac{1}{5}$	x g	$\frac{2}{31}$	x kg	0.25	x m²

2. 根据下面的水槽图先列表格，然后求出 x。

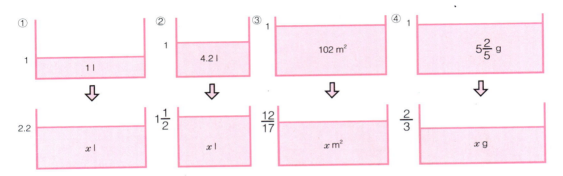

3. 先列表格，然后求解。

①雨天，在院子里放了一个能测量出降雨量的量杯，从放量杯时起，1 h 后，量杯中的水深为 2.4 cm，又过了 4 h，量杯中的水深是原来水深的 4.4 倍，问从放置杯时起，5 h 后，量杯中的水深为多少厘米？

②甲 7 月份使用煤气 6 m³，同一个月份，乙使用的煤气量是甲的 12.5 倍，问乙在 7 月份使用了多少立方米的煤气？

③乙所在的班级里，戴眼镜的人占全班人数的 $\frac{1}{12}$，而全班共有 48 人，那么戴眼镜的有多少人？

4. 根据下面的表格编题。

① 倍	身高	② 倍	豆油量	③ 倍	汽车费	④ 倍	田地的面积
1	1.32 cm	1	24 元	1	30 元	1	60 a
↓	↓	↓	↓	↓	↓	↓	↓
1.15	x cm	1.8	x 元	$1\frac{1}{3}$	x 元	0.75	x a

数学世界探险记

求倍数的方法

（在一个天气晴朗的星期日午后，米丽娅、萨沙和罗伯特3人一起来到了开心博士的工作室。他们准备继续进行关于倍数问题的研究。突然，小黑怪不知从什么地方冒了出来，瞧，从小黑怪的嘴里连续不断地吐出滚滚黑烟。）

小黑怪　黑板！这就是黑板！用这个黑板可以计算，看见没有？你们这帮有眼无珠的家伙！

（黑烟凝住了，于是出现了一块很大的黑板。）

萨　沙　哼，这算什么黑板哪！

（小黑怪立刻露出一副令人恐怖的面孔。它扑啦扑啦地旋转着，像是要与谁打架似的。）

米丽娅　那就使用小黑怪的黑板吧，把它挂起来。

（总之，一提起小黑怪大家就讨厌。然而，开心博士却一直心平气和，脸上挂着微笑。他在小黑怪的黑板上画了一个水槽图。）

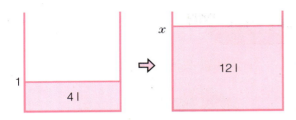

开心博士 在这个水槽里,原来有4 l 水。现在。把水增加到12 l,那么现在水槽里的水量是原水量的多少倍?

萨 沙 这回不是求有多少升水,而是求水量变成多少倍。

小黑怪 哎呀!老天爷,这能解出来吗?

罗伯特 哼,我就是老天爷!看我是怎么解出来的。

(小黑怪一边装模做样地在黑板上画着什么,一边偷偷地看着如左图所示的罗伯特的解答。)

开心博士 做的对。把4 l 看作1,这是理所当然的。这样的题,如果用公式来表示。

那么就是……

倍	量
1	4 l
↓	↓
x	12 l

看一下12 l 是4 l 的几倍就可以了。所以
12 l ÷ 4 l = 3
答 3倍

倍	量
1	a
↓	↓
p	b

$$p = b \div a = \frac{b}{a}$$

数学世界探险记

用倍数做比较

开心博士 世界上各种各样的东西往往需要用倍数做比较。

萨 沙 噢,那太有趣啦。

① 比较一下巴拿马运河与苏伊士运河的长度……

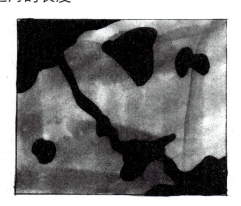

开心博士 你们知道什么是运河吗?

米丽娅 就是为了通船而挖的人造河呗。

罗伯特 著名的运河有埃及的苏伊士运河和美洲的巴拿马运河。可是,它们分别在什么地方呢?还是找来地图瞧瞧吧。

开心博士 苏伊士运河的长度为163 km,而巴拿马运河的长度为81.6 km。那么,苏伊士运河的长度是巴拿马运河长度的多少倍呢?

萨 沙 这是很容易算出来的呀。

② 调查非洲象的成长情况……

开心博士 非洲幼象的身高(到肩的高度)大约90 cm左右。当它长成大象的时候,身高大约3.6 m。那么,成象的身高是幼象身高的多少倍?

③ 大白鲸的体重是人的体重的多少倍……

开心博士 这回比较一下人和比人大得多的东西。下面要说的大白鲸可不是特别大的鱼呀,这一点可要弄清楚,大白鲸很大,就连特别大的鱼也没有它重。人们发现有一条大白鲸重136 t,如果选一个体重为68 kg的人与它做比较,那么它的体重是这个人的体重的多少倍呢?

④跳蚤能跳自己身高的多少倍？

胖噜噜 有个问题很有趣，的确值得提出来。跳蚤的身高不足3 mm，可是一跳竟能跳起30 cm。那么，跳蚤能跳起的高度是它身高的多少倍呢？

萨 沙 胖噜噜呀，你好像只会提小动物问题吧！

开心博士 还是计算一下吧。据我们所知，跳蚤的跳跃本领是十分惊人的。人经过训练后，尽力向上跳，也只不过能超出自己身高20 cm。

萨 沙 如果有像跳蚤那样的特殊人，那他一定能在国际奥林匹克运动会上获得跳高比赛的冠军喽！

⑤比较人造卫星与飞机的飞行速度。

大块头 我出一个关于"大"的问题吧。一颗围绕地球飞行的人造卫星的飞行速度，是每小时29 000 km，很早以前以汽油发动机为动力的飞机，飞行速度是每小时80 km。那么，人造卫星的速度是这种飞机的速度的多少倍？

⑥比较草履虫与梭微子（绿虫)的大小。

胖噜噜 再比较一下非常非常小的东西。草履虫是不足0.3 mm的生物。不过，还有比它更小的生物梭微子。梭微子的个头竟然不足0.05 mm！那么草履虫的个头是梭微子个头的多少倍？

萨 沙 真有意思。胖噜噜与大块头总是不一样。胖噜噜净出那些关于小东西的问题。

⑦大象的食量是胖噜噜食量的多少倍？

大块头 说的对，那我就再出一个涉及"大"那样的问题吧？1只大象一天吃150 kg的食物，而胖噜噜每天吃600 g的食物，大象的食量是胖噜噜食量的多少倍？

胖噜噜 真令人气愤，竟然利用我来出题！

思考博士提出的新问题

开心博士 米丽娅的妈妈为了手头多有一些零用钱,临时出去帮助别人做家务。就这样,不久以后零用钱的数额就达到120元,而且这个数额恰好是原来零用钱数额的5倍。那么原来共有多少零用钱?

(小黑怪的烟制黑板,可以用它吐出的黑烟消去写在黑板上的字,非常方便。这时,小黑怪深深地吸了一口气,然后从嘴中吐出一股黑烟。于是,以前黑板上写的式子消失了。罗伯特在黑板上画出了左面的水槽图并写出了算式。)

罗伯特 在这里,要求的量就相当于倍数为1时的水量。因为x的5倍为120元,所以只要用5除120就得出原来零用钱的数量。

米丽娅 如果用前面给出的公式$a \times p = b$来计算,那么就有

$$x \times 5 = 120$$
$$x = 120 \div 5 = 24$$

答 24元

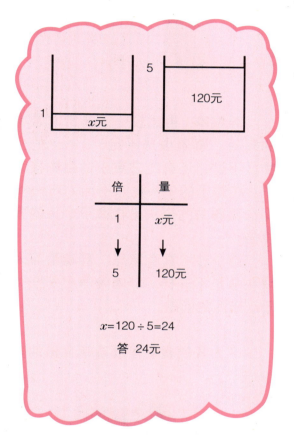

开心博士 现在,关于倍数的问题已经全部解决了。请看表示倍与量的关系的表格及公式。由这个公式可以知道,不管用x来表示要求的量,还是倍数,只要用a,b,p中的某两个相除就行了。

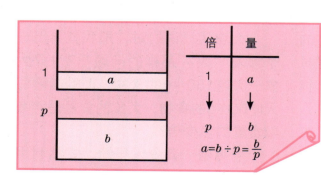

考虑海洋的深度！

开心博士 有一艘潜水观光船，正在向海底潜去，进行探险。现在，船已到达距离海面16 m的地方，但这只是海面至海底深度的$\frac{4}{9}$，从海面到海底的深度是多少米？

(米丽娅在小黑怪的烟制黑板上，画了一个海底深度示意图，然后又画出了水槽图。并且写出了表格和算式。你能在小黑怪的烟制黑板上的字没消失之前，看一看米丽娅的解答是否正确！)

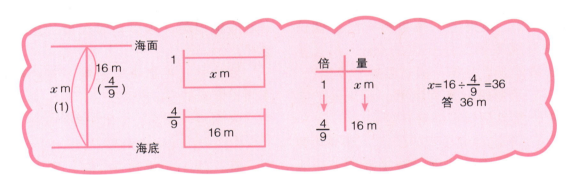

1. 根据下面的表格求 x。

	倍	量		倍	量		倍	量		倍	量		倍	量		倍	量
①	1	x dl	②	1	x l	③	1	x m	④	1	x km	⑤	1	x m²	⑥	1	x g
	↓	↓		↓	↓		↓	↓		↓	↓		↓	↓		↓	↓
	7	840 dl		$2\frac{3}{4}$	11 l		1.5	3.45 m		$\frac{1}{6}$	36 km		0.8	96 m²		0.4	$3\frac{1}{3}$ g

2. 甲卖了全部土地的$\frac{3}{7}$后，还有12 a。那么，甲原有土地多少亩？

3. 在一次国际奥林匹克运动会上的马拉松比赛中，跑得最快的选手已经跑了16 878 m，而这只跑完了全程的$\frac{2}{5}$。那么马拉松比赛的全程共是多少米？

4. 甲准备取出他所有存款的$\frac{1}{8}$，也就是取出300元，那么甲共有多少存款？

数学世界探险记

考虑倍的倍

（又一个星期日来到了。米丽娅，罗伯特和萨沙来到开心博士的工作室。大块头和胖噜噜的前面放着一盘塑料带，他们歪着头好像正在考虑什么。）

萨沙　这两个人干什么呢！

（3个人看见大块头正在用剪子剪塑料带。）

大块头　我出个题。请你从这盘塑料带中剪下一段，使这段的长度是事先早已剪下来的第一段塑料带长度的3倍。如果接下来再剪一段，使这段长度是第二段长度的4倍，那么第三段的长度是第一段长度的多少倍?

米丽娅　真有意思，看来他们要把一整盘塑料带都剪开呀。

（干这种细小零碎的活，胖噜噜要比大块头来得方便。胖噜噜按大块头所说的先剪下一段，这段的长度恰好是第一段长度的3倍。）

米丽娅　这回该剪4倍长的那段啦。

（大块头从胖噜噜手中接过剪刀和塑料带，大致估计一下就剪下了一

段，结果，比胖噜噜剪的那段的4倍还长了很多。）

萨沙　不管大块头剪下来的这段是长了还是短了，我们还是按照大块头出的题，来算算他剪下来的这段到底应该是第一段塑料带长度的多少倍吧?

罗伯特　把事先早已剪下来的那段的长度看成是 a cm 吧。

米丽娅　那么，它的3倍长就是

$$a \text{ cm} \times 3$$

萨沙　如果再来4倍，那么长度就是 a cm $\times 3 \times 4$ 了。

大块头　把你们说的归拢起来，就变成 a cm $\times (3 \times 4)$，也就是 a cm $\times 12$，所以，第三段的长度应该是第一段长度的12倍。

胖噜噜　嗨！照这样计算的话，那么就连倍的倍的倍的倍，也能计算出来啦！

萨沙　就是嘛，原长 a cm 的3倍的2倍的4倍的2倍的长，就是

$$a \text{ cm} \times 3 \times 2 \times 4 \times 2$$

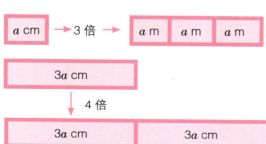

大型客机中的外国人

开心博士 一架大型客机坐满了外国的来客。在所有乘客中，有 $\frac{1}{3}$ 是欧洲人，其余的是亚洲、非洲和北美洲人。又知在欧洲人中有46人是德国人，占欧洲人人数的 $\frac{2}{5}$。那么，德国人占所有乘客的几分之几，另外，客机中的乘客共有多少人？

（大块头和胖噜噜仍然在剪塑料带，先从一段上剪下 $\frac{1}{3}$，再从剪下的这段上剪下 $\frac{2}{5}$。由于塑料带被剪得越来越短，到后来不得不取出放大镜仔细地看啦。）

罗伯特 胖噜噜，别剪塑料带啦。如果还记得刚才总结出来的计算方法的话，那么只要一算就可以了。

米丽娅 虽然刚才计算的是原来长的3倍的4倍，但是对倍数是分数的情况，考虑的方法也是一样的

萨 沙 因为不知道所有乘客的人数，所以可以设这个人数为x。然后，就有x的 $\frac{1}{3}$，接下来就有x的 $\frac{1}{3}$ 的 $\frac{2}{5}$。这样考虑不就行了嘛。

设所有外国乘客的人数为x，那么欧洲人的人数是

$$x \times \frac{1}{3}$$

因为德国人是欧洲人人数的 $\frac{2}{5}$，所以德国人的人数是

$$x \times \frac{1}{3} \times \frac{2}{5} = x \times \frac{2}{15}$$

德国人占所有乘客的 $\frac{2}{15}$，而德国人有46名，所以

$$x \times \frac{2}{15} = 46$$
$$x = 46 \div \frac{2}{15} = 345$$

答 德国人占外国乘客的 $\frac{2}{15}$，外国乘客共345人。

(看起来稍微有点乱。但是，只要按部就班地来考虑，也就没什么难的啦。请迎接下面问题的挑战吧。)

某校园面积的 $\frac{1}{4}$ 是校舍，校舍的 $\frac{5}{7}$ 是教室。那么，教室的占地面积占校园面积的几分之几？另外，如果教室占地面积是225 m²，那么校园总面积是多少平方米？

数学世界探险记

"倍的倍的倍的……倍"

从1元开始，几乎破产……

开心博士 在很久以前的日本，有一个武士曾吕利新左卫门。他不但武艺高强，而且非常聪明。有一次，因为他立了大功，所以丰臣秀吉老爷要履行他的诺言，老爷说："你想要什么，尽管说吧！"

曾吕利说："谢谢。那么就请您第一天给我10文钱，第二天给我这10文钱的2倍，第三天给我第二天所得到钱的2倍……就按这样的规定。一共请给我30天钱，怎么样？"

那时的10文钱还不足现在的1元，所以是数量很少的钱，根本算不得什么，老爷笑着说："没出息的家伙，你倒不贪财啊。好吧，就按你所说的，每天到管账武士那去领吧。"

从那以后，新左卫门每天都去领钱。第一天，管账武士说："因为今天是头一天，所以给你10文钱。"第二天，管账武士说："今天始你20文，是昨天的2倍。"第三天，管账武士说："今天给你40文，是昨天的2倍。真是太麻烦了，为什么不多要点呢。怎么样，给你加一加看看一共有多少啊？"曾吕利说："嗯，别加了。每天领一点我感到非常快乐。"

就这样，曾吕利每天都能领到前一天2倍的钱。在第21天他领了1 048万5 760文钱。

管账武士感到非常吃惊。他说："怎么回事？付钱的数额怎么变得这么高啦！到第30天付给他的钱就得装满一仓库了吧？"

管账武士在那里噼哩叭啦地打着算盘算了一下。算的结果，令人十分震惊。到最后的第30天，要付出53亿6 870万9 120文钱。加上前29天一共要付出的107亿3 741万8 230文钱，可这已经是老爷所有的钱啦。

管账武士咽了口唾液。跑着向老爷报告去了。

管账武士说："老爷，可不好啦！如果继续向曾吕利付钱的话，老爷您可就破产啦！"老爷对曾吕利的智慧感到非常吃惊。

这样，老爷只好改变原来的奖励办法，并亲自向曾吕利赔礼道歉。

什么是比率？

米丽娅　如果从附近的进口服装店的门前走过的话，那么你就会看到到处都张贴着"今天，所有商品降价2成"的字样。这是什么意思呢？

（米丽娅说出了大家都感到疑惑不解的问题。）

开心博士　所说的几成，仍然与倍数有关，叫做比率。定价80元的布匹，如果在年末让价$\frac{1}{10}$，那么年末降价了多少钱呢？请给出一个算式吧。

米丽娅　80元×$\frac{1}{10}$＝8元，这就是算式。

开心博士　那么，在这个算式中，哪个数是表示倍的呢？

萨沙　是$\frac{1}{10}$。

开心博士　如果用小数来表示的话，$\frac{1}{10}$就是0.1。通常一个量的0.1倍叫做这个量的1成。

罗伯特　那么所说的比率就是倍数是小数时的一种叫法喽。

萨沙　如果是这样的话，那么所说的降价2成，就是减去的钱数是原价的0.2倍。如桌布的原价为80元，那么0.2倍是16元，于是年末降价16元。

开心博士　另外，一个量的0.01倍叫1分，0.001倍叫1厘。

（这时候，在体育场那边传来了棒球迷们的阵阵喊声。）

什么是百分比？

小黑怪是100%的不怀好意吗？

开心博士　还得补充一点，大家还要掌握小数倍的一种特殊叫法。一个量的0.01倍，叫做这个量的"百分之一"，记为1%。这种表示形式叫百分比。

萨　沙　那么0.265倍就可以叫做26.5%（百分之二十六点五）了吗？

开心博士　是这样。看看下面的表就更清楚了。

1	0.1	0.01	0.001	
	成	分	厘	
		%		
0	1	4	3	→14.3%
0	0	2	8	→2.8%
0	3	0	5	→30.5%
1	2	2	3	→122.3%

罗伯特　哈，百分比与比率也有关系呀。

开心博士　当然喽。0.345倍同样可以说成是3成4分5厘，或者说是34.5%。

米丽娅　在报纸和杂志里看见对什么数字做统计的时候，常常会出现符号%。利用百分比可以表达对一件事将会怎么样的不太准确的推测。

萨　沙　那么，可以说小黑怪是100%的不怀好意吗？

开心博士　照你这样说，小黑怪未免太委屈了，关于百分比的使用，我打个比方：说与某个人的约会是99%的靠不住，这就意味着在100次约会中，可能有99次他不信守约定。当然，我们不应该做这样的人。

小黑怪　你们说什么？说我100%不怀好意！

（小黑怪突然从黑暗中气势汹汹地走了出来。这时，黑板变形了。四周也变得一片漆黑。接着，小黑怪也在黑暗中慢慢地消失了。）

100%的不怀好意！

什么是浓度?

如果把浓食盐水和淡食盐水混合起来,那么……

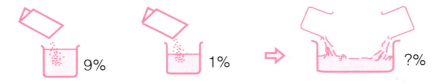

开心博士　还记得我们曾经学过的浓度吗?

萨　沙　唉,记不得了。什么时候学的?

米丽娅　好健忘啊!是在第四册"各种各样单位②"中学的嘛。

开心博士　在95 g的水中放入5 g食盐,制成食盐水。在1 g这种食盐水中含有多少克食盐呢?

萨　沙　哎呀,这样的问题怎么做来着?噢,可以先算出食盐水的重量,是95 g+5 g=100 g。

米丽娅　又由于1 g食盐水中的食盐,有5÷100,即0.05 g,所以,1 g食盐水中含0.05 g食盐。

开心博士　你的想法是对的。那么,现在改成百分比的说法看看,在这种食盐水中,食盐占百分之几?

米丽娅　由于5 g÷100 g=0.05,因此食盐是所有食盐水的0.05倍,所以含盐量为5%。

开心博士　如果在1 g食盐水中含食盐0.05 g,那么这种食盐水就是浓度为5%的食盐水。总之,无论是0.05还是5%,都可以用来表示这种食盐水的浓度。

萨　沙　哪个都可以啊。

开心博士　现在,这里有浓度为9%的食盐水300 g和浓度为1%的食盐水200 g,请尝尝分别它们的味道。

(萨沙立刻伸出手指去蘸食盐水。)

萨　沙　(尝了一点9%的食盐水)这个咸。(又尝了一点1%的食盐水)这个没什么咸味呀。

开心博士　如果把这2份食盐水混合在一起,那么浓度会变成怎样呢?

萨　沙　用9%加上1%,得10%。

开心博士　萨沙,你上当啦!如果浓度是10%的话,那么不就比混合之前的两种食盐水更咸了吗?你尝尝混合后的食盐水的味道。

萨　沙　(尝了尝)真的,比浓度为9%的含食盐水还淡。

罗伯特　2种食盐水相互混合后,其中所含的食盐量应该是多少呢?

米丽娅　因为按规定,浓度为9%的100 g食盐水中含9 g食盐,所以300 g中含3×9 g=27 g食盐。同样道理,浓度为1%的200 g食盐水中含食盐2×1 g=2 g。所以,2种食盐水混合后所含的食盐量为27 g+2 g=29 g。

萨　沙　混合后的食盐水有
300 g+200 g=500 g,所以
29 g÷500 g=0.058。

米丽娅　这样就得知浓度是5.8%了。

开心博士　不愧是数学探险队,做得很好。

1. 说出下面小数所示的比率。
   0.582   0.601   0.18   0.45   0.6
   0.1   0.005   0.023 0.101 1.267

2. 把下面的比率用小数来表示。
   2成9分4厘   1成6分3厘   3成2分   9成6厘
   7分4厘   12成6分7厘 10成6分 14成2厘

3. 把下面的小数写成百分比。
   0.353   0.301   0.084   1.082   0.003
   0.4   0.68   0.05   1.7   2

4. 把下面的百分比用小数表示。
   31.4%   18.1%   86.3%   16%   96%
   7%   2%   0.5%   105%   200%

5. 填写下面的表格。

分 数	小 数	比 率	百分数	分 数	小 数	比 率	百分数
$\frac{3}{8}$					0.16		
			31.7%			4成3厘	

6. 甲手里有72元,乙手里的钱是甲的1.8倍,而甲的哥哥手里的钱又是乙的$1\frac{1}{4}$倍,那么甲的哥哥手里有多少元?

7. 甲1月份收入了18 400元。其中伙食费占收入钱数的三成二分,那么甲1月份的伙食费是多少元?

8. 已知向游泳池注324 kl的水,注入水量占总注水量的36%。那么总注水量是多少千升?

关于比例的讨论(2)

——哪条街的公园更宽阔

（在一个非常晴朗的日子里，米丽娅他们兴致勃勃的来到公园，并玩起了捉迷藏的游戏。可是，由于公园太窄小，因此藏起来以后，很快就会被人找到。）

大块头　如果有一个更宽阔的公园该多好啊！

米丽娅　前几天，爸爸一边看报纸一边说："公园太少了，这对孩子们来说是不幸的。"

罗伯特　嗯。各位居住街的公园和其他街的公园的情况怎么样？大家分头去调查一下好吗？

把整体作为1来考虑

米丽娅　我对我们住的A街做了调查。

萨　沙　我对表兄住的B街做了有关调查。

罗伯特　我对农村的情况很感兴趣。因此，我到C村做了调查。

A街
公园占地0.5 ha
住宅占地40 ha
工厂占地8 ha
其　他1.5 ha

B街
公园占地4 ha
住宅占地120 ha
工厂占地46 ha
其　他30 ha

C村
公园占地24 ha
住宅占地42 ha
工厂占地18 ha
其　他516 ha

罗伯特　调查表里的"其他"，是指田地或森林什么的。在C村属于"其他"的占地特别多。

米丽娅　B街与A街相比较，不论是公园、住宅和工厂的占地面积，B街都比A街的多很多。

萨　沙　而且，其中工厂占地相差的很悬殊。

米丽娅　A街与B街的分布状况还是有些相似的。

罗伯特　C村与A、B两条街相比较，好像公园和住宅占地的分布不太一样吧？

萨　沙　将土地用于公园最多的是C村，其次是B街。我们住的A街则是最少的啦。

米丽娅　不过，从总体的范围看，B街要比A街大得多，正因为这样，所以它的公园比A街大些，这也在情理之中。

罗伯特　是呀！对于大街道，那里住的人也一定很多。从这个角度来看，那个公园的面积也并不大呀。

萨　沙　只这么说说还是不太清楚啊。

米丽娅　这三者怎样比较才合适呢？

(3个人都陷入了暂短的沉思中。)

罗伯特　哎呀，听我罗伯特的看法吧!把A街、B街和C村的面积分别看作整体1，求出公园和住宅占地的比例不就可以啦。这样的话，各个分布的状况立刻就可以知道了。

要计算比例做张表看看

（3个人分别把整体作为1计算起比例来了。比如，A街的比例就像米丽娅在下面列出的那样。B街和C村的比例也用同样的方法，由萨沙和罗伯特分别计算出来了。把这些结果都归纳为下面的表，一看就更清楚了。）

A街的整体面积　　0.5+40+8+1.5=50
A街公园占地的比例　　0.5÷50=0.01
A街住宅占地的比例　　40÷50=0.8
A街工厂占地的比例　　8÷50=0.16
A街其他占地的比例　　1.5÷50=0.03

	公园占地	住宅占地	工厂占地	其他占地
A街	0.01	0.8	0.16	0.03
B街	0.02	0.6	0.23	0.15
C村	0.04	0.07	0.03	0.86

萨　沙　只要看一下这个表，就知道B街比A街的公园多0.01，也就是仅仅多1%。可刚才却认为好像多很多。

米丽娅　把B街与A街的情况做一比较后，就会发现，B街的其他占地和工厂占地的比例比A街大得很多。

罗伯特　A街住宅占地面积是40 ha，尽管从表面上看最小，但是如果用所占的比例来比较，它最大!

米丽娅　在最小的面积中，却原来有很多住宅啊!

萨　沙　像这样，如果把整体作为1来考虑，然后计算出各个部分所占的比例，那么就可以进行比较了。

如果用分割水槽的办法来表示比例，那么……

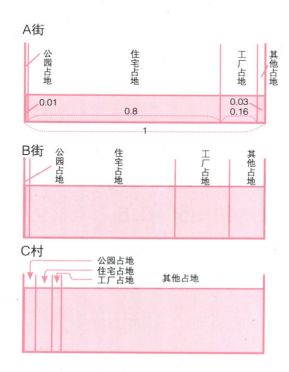

喜　鹊　看看这个水槽图，那么比例的含义就很清楚了。

（喜鹊模仿着开心博士的样子，两支翅膀盘在背后，慢条斯理地说着，摆出一副装腔作势的样子。由于样子十分可笑，大家都忍不住咯咯地笑起来。）

开心博士　喜鹊说的非常好。

（开心博士声音的突然出现，大家都吓了一大跳。喜鹊慌了神，简直就像红色金丝雀似的，满脸通红。）

罗伯特　开心博士，利用这个水槽图真能弄明白比例吗？

开心博士　瞧，这样做就行了。向3个一样的水槽里加水，把铜网放在槽里做间隔，这样把隔出来的各部分的宽度做一下比较，那么分布状况就清楚了吧!

做一个带状图表！

开心博士　还有更容易明白的方法。那就是做一个带状图表来看看。所谓带状图表，就是既能代替水槽图，又能一眼就看出分布状况的图表。那么，怎样做带状图表呢？

①首先设定整体的长度。

②然后求出各部分的长度。各部分长度等于整体长度与各部分所占比例之积。

③接下来，再在各部分添上已经算好的把整体看作1的各部分比例。

如果能完成①，②，③三项工作，就能够做出用起来十分方便的带状图表啦。

	A街的带状图表	B街的带状图表	C村的带状图表
公园部分的长度	10 cm×0.01=0.1 cm	10 cm×0.02=0.2 cm	10 cm×0.04=0.4 cm
工厂部分的长度	10 cm×0.8=8 cm	10 cm×0.6=6 cm	10 cm×0.07=0.7 cm
住宅部分的长度	10 cm×0.16=1.6 cm	10 cm×0.23=2.3 cm	10 cm×0.03=0.3 cm
其他部分的长度	10 cm×0.03=0.3 cm	10 cm×0.15=1.5 cm	10 cm×0.86=8.6 cm

开心博士 做一个整体长度为10 cm的带状图表吧。看看怎样做才对呢？

米丽娅 用整体长度(10 cm)乘各部分的比例，得到的便是各部分相应的长度。

开心博士 如果把不同的部分用不同颜色彩笔来涂色，就更加醒目了。请做做看吧。

萨 沙 真了不起！开心博士对社会科学也很内行啊。

开心博士 数字与社会科学还有理科都有着密切的联系呀。

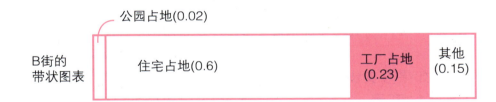

为了比较A，B，C三条街住户的职业分布状况，特制做了右侧的表格。依据这个表格回答下面问题。

① 把整体作为1时计算出的比例，填进下面的表格空白内。

② 对A，B，C街各做一个带状图表，比较一下其职业分布的状况。

	农业	商业	工业	其他
A街	120户	400户	200户	80户
B街	80户	50户	200户	70户
C街	75户	15户	45户	15户

	农业	商业	工业	其他
A街				
B街				
C街				

使用比例，由部分求整体

开心博士 这回考虑由部分量和它所占的比例，来求整体量的问题。你们知道家庭财务计划簿吗？

萨沙 知道。那是小米丽娅成为米丽娅夫人后，要携带的东西。

米丽娅 讨厌。没正经！

开心博士 好了好了，请看下面的表。在这个表中给出了各种支出的比例。并已知房费是1 155元。那么请问，一个月的所有支出是多少？另外，伙食费、服装费和水电费各是多少？

伙食费	房费	服装费	水电费	其他
32%	22%	7.4%	10.6%	28%

米丽娅 如果总支出设为 x，那么 x 元的22%是1 155元。

罗伯特 22%也就是0.22倍；这就是说，x 的0.22倍是1 155元。

萨沙 如果列成式子，那么会怎样呢？

米丽娅 写成 $x \times 0.22 = 1155$ 不就可以了吗。

罗伯特 这样一来，那么

$$x = 1155 \div 0.22$$

米丽娅 稍等一下，我来计算，（你也计算一下吧。）

米丽娅 啊，$x = 5250$。一个月的总支出是5 250元。

萨沙 那么接下来再把其他各项的支出都算出来就行了。

罗伯特 计算各项支出时，正好变成相反问题了。由表知，伙食费是总支出5 250元的32%，也就是0.32倍。这样，再求伙食费的钱数时得用乘法了。

萨沙 如果伙食费用 x 来表示，那么 $x = 5250 \times 0.32$

米丽娅 x 等于1 680元。

罗伯特 对于服装费和水电费，用同样的方法就可以计算出来啦。

米丽娅 服装费是388.5元，水电费是556.5元。

萨沙 由于金额很大，计算起来还真有点麻烦呢。

米丽娅 如果考虑的方法没错，那么仔细地做计算就不会出问题。

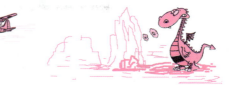 

1. 调查学校图书馆在一周内被读过的书的情况后，按种类列出了下面的表格。其中有30册科技书被读过，那么这一周内被读过的书共有多少册？另外，文学书、历史书各被读过多少册？

种类	文学	历史	科技	其他
比例	58%	18%	20%	4%

2. 有一种铝合金，其中铝、铜和镁所占的比例分别是0.95，0.04，0.01。如果已知这种铝合金里含有80 g铜，那么铝合金的整体质量是多少？另外，铝和镁各有多少克？

瞧，大块头倒是很可怜的。因为门不大只有185 cm，所以他无论如何都出不来。那么，大块头的身高与门高还差□□□cm呢……

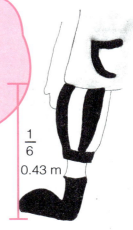

$\frac{1}{6}$
0.43 m

谁的蛋奶冷饮好喝?

(蛋奶冷饮无论什么时候喝都是很香甜的!

所说的蛋奶冷饮是用鸡蛋、牛奶和白糖混合搅拌成的。混合搅拌就是把鸡蛋、牛奶和白糖都放在容器内,再把它们混合均匀。

大家正在开心博士的工作室里喝蛋奶冷饮。

胖噜噜看着大块头大口大口地喝蛋奶冷饮,一直唠唠叨叨。)

开心博士　想干什么,胖噜噜?你是不是觉得大块头的蛋奶冷饮比你的多呀?想喝的话,大杯大杯地让你喝也行啊。

(可是胖噜噜却撅着嘴,把脸扭向了另一侧。)。

胖噜噜　别耍滑头!大块头的那份蛋奶冷饮好像是更好喝。

开心博士　哎呀呀,哪有的事哟。胖噜噜,给你的蛋奶冷饮量虽然少些,但味道却是相同的呀。

胖噜噜　撒谎!一看大块头喝蛋奶冷饮那个样子,就知道他喝的蛋奶冷饮比谁的都香甜。

开心博士　真对胖噜噜没办法……那么还是把大家喝的蛋奶冷饮的成分表拿给你看看吧。

	鸡蛋	牛奶	白糖
A. 胖噜噜	15 g	60 g	2 g
B. 大块头	90 g	360 g	12 g
C. 米丽娅等	60 g	240 g	8 g

(蛋奶冷饮成分表)

请好好算一下各种成分的比例。算完后看看有没有什么区别吧。

　　米丽娅　胖噜噜，不要生气，按开心博士说的那样，请仔细算算各种成份的比例吧。首先，可以算出你胖噜噜的蛋奶冷饮的总质量是77 g，而大块头的是462 g，对吧!

　　萨　沙　大块头的蛋奶冷饮是胖噜噜的蛋奶冷饮的6倍呀。

　　罗伯特　那么，无论是牛奶还是其他成份的量都是6倍啰。

　　胖噜噜　哈哈，到底是我说的对吧!理所当然的是，大块头的比我的蛋奶冷饮好喝6倍啦!

　　米丽娅　请等一下，把蛋奶冷饮好好地搅拌一下。

　　罗伯特　噢，这样吧。从大块头装有462 g的蛋奶冷饮的大杯中，倒入胖噜噜的小杯77 g蛋奶冷饮。现在想想看，胖噜噜杯中的蛋奶冷饮含多少克鸡蛋呢?

　　胖噜噜　从大块头的杯中倒入我的杯中的蛋奶冷饮占总量$\frac{1}{6}$。由于经过充分地搅拌，因此小杯里的鸡蛋量也应该是大杯里鸡蛋总量的$\frac{1}{6}$，也就是15 g。

　　罗伯特　没错。那么牛奶和白糖的量呢?

　　胖噜噜　也是大杯里的牛奶量和白糖量的$\frac{1}{6}$，也就是60 g和2 g!

　　罗伯特　怎么样?这与胖噜噜的蛋奶冷饮成分表中列出的各种成分的数量分毫不差呀。

　　胖噜噜　啊，真是这样。如此说来，好喝的程度是一样的呀!真对不起，大块头。

　　开心博士　总算弄明白了，胖噜噜。实际上，各种成分的量的关系可以写成

　　15 g:60 g:2 g=90 g:360 g:12 g

这就是说，胖噜噜的蛋奶冷饮中的各种成分的量之比(15 g:60 g:2 g)和大块头的蛋奶冷饮中各种成分的量之比是相等的。所以，好喝的程度当然是相同的喽。

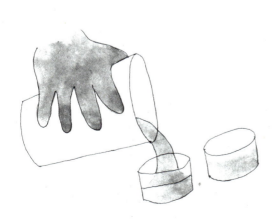

比例和比例式

	鸡蛋	牛奶	白糖
A	15 g	60 g	2 g
B	90 g	360 g	12 g
C	60 g	240 g	8 g

萨　沙　对于同样的蛋奶冷饮，在C的总量是A的总量的4倍的情况下，C的各种成分也分别是A的各种成分的4倍。

开心博士　对。这时

15 g∶60 g∶2g=60 g∶240 g∶8 g

米丽娅　这样，蛋奶冷饮C与A的鸡蛋、牛奶、白糖之比表示成

$$\frac{60\ g}{15\ g} = \frac{240\ g}{60\ g} = \frac{8\ g}{2\ g} = 4$$

就行了。

开心博士　是的。这样的问题如果用字母来表示，那么就是

当 $\frac{x}{a} = \frac{y}{b} = \frac{z}{c} = k$ 成立时，
可以写成 $a:b:c = x:y:z$

萨　沙　在A与C对比的情况下

$k=4$

开心博士　对。还要向你们说明的是：当用比 $a:b:c$ 来写时，其中的 a,b,c 都叫做项，并按顺序分别叫第1项，第2项，第3项。这个大家一定要记住。另外。表示比相等的式子 $a:b:c=x:y:z$ 叫做比例式。

开心博士　怎么样，蛋奶冷饮好喝了吧。不过，左边是刚才蛋奶冷饮的成分表，A和B的鸡蛋、牛奶、白糖，相对应的量的比例是完全相同的。这时候，各种成分之比是相等的。

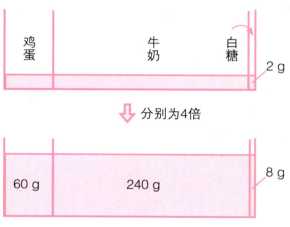

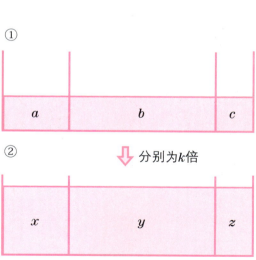

所说的比相等，如果用上面的水槽图来考虑的话，那么①和②的水槽内被铜网隔开的各部分的宽度是分别对应相等的。

改为简单的整数比

罗伯特 可以看出，对于比 $a:b:c$ 来说，如果用同一个数分别乘以各项，那么比还是相等的。

米丽娅 是呀。如果把胖噜噜的蛋奶冷饮成分之比记为 $a:b:c$，那么由于大块头的蛋奶冷饮的各种成分全都是胖噜噜的蛋奶冷饮的各种成分的6倍，所以可以写成

$6×a:6×b:6×c$

萨沙 这样就有

$a:b:c=6×a:6×b:6×c$

开心博士 对。一般来说

$a:b:c=m×a:m×b:m×c$

米丽娅 对于我和萨沙、罗伯特杯中的蛋奶冷饮来说，$m=4$。对于大块头杯中的蛋奶冷饮来说，$m=6$。

开心博士 像这样使用比的性质，把给出的比改写成更简单的整数比是能办到的。

萨沙 怎样做才好呢？

请把12∶24∶28∶32改写成简单的整数比。

米丽娅 要是能找出一个能整除所有项的整数就好啦。

罗伯特 那么，只要求出第1项到第4项的公因数就可以啦。

米丽娅 由于这4项的公因数是4，因此各项用4除就行了。

萨沙 于是，有

$12:24:28:32=3:6:7:8$

罗伯特 3，6，7和8的公因数，除了1以外就再也没有别的了，所以不能找出更简单的整数比了。

把下列的比改成更简单的整数比。

① 36∶8∶6∶12

② 12∶24∶45

③ 36∶96

数学世界探险记

开心博士　米丽娅，你来和我比一下身高。

然后把我们俩的身高写成简单的整数比。

（开心博士量了量自己的身高和米丽娅的身高。稍加考虑之后，向大家提出了问题。）

开心博士　我的身高恰好是米丽娅身高的 $\frac{4}{3}$ 倍，那么我的身高与米丽娅的身高之比应该是怎样的呢？请用简单的整数比表示出来。

萨　沙　让我做做看。嗯，设开心博士的身高为A，米丽娅的身高为B的话……

因为把B的身高作为1，所以

$A:B = \frac{4}{3} : 1 =$

$\frac{4}{3} : \frac{3}{3}$ 通分 $=$

$4:3$ （各项乘以3）

小黑怪做的难喝的鸡尾酒

萨 沙 图书馆里的书也是如此。因为把理科书、传统书、体育书等，集中起来才成为图书馆啊。

罗伯特 我爸爸用各种果汁做鸡尾酒也是一个例子嘛。

开心博士 在世界上，因为经常要计算诸如此类的比，因此学会用比例式是非常方便的。

（这时，小黑怪又出来表演了。）

小黑怪 喂！我也做了鸡尾酒！我的鸡尾酒是用果汁、白糖、食盐和胡椒粉，按7g：3g：2g：1g的比混合而成的，请尝尝吧！

（小黑怪把它做的鸡尾酒放在这里就消失不见了。）

萨 沙 哎！这味多难闻啊！

（看到萨沙脸上滑稽的表情，大家不由得笑了起来。）

开心博士 在小黑怪拿来的奇怪的鸡尾酒中，如果果汁量为28g，其他各种成分都按相同的比制作，那么其他各成分应该是多少克？这个问题如果用比例式来写，就是

$$7:3:2:1=28:x:y:z$$

怎么样，你们明白了吧！我想，如果要你们求出z，y，x的值，那么你们一定都会做；不过，这个问题将要在第七册里进一步学习和解决，到那时就更明白了。

(解)根据比例式可以写作

$\frac{28}{7}=\frac{x}{3}=\frac{y}{2}=\frac{z}{1}$ 由于 $\frac{x}{3}=\frac{28}{7}$，因此 $7x=3\times28$，$x=12$，由于 $\frac{28}{7}=\frac{y}{2}$，因此 $7y=2\times28$，$y=8$，由于 $\frac{z}{1}=\frac{28}{7}$，因此 $7z=1\times28$，$z=4$。

答 白糖12g，食盐8g，胡椒粉4g。

像这样求比例中的未知数，叫做"解比例式"。

开心博士 把各种各样的东西掺合起来做成一种东西，这是很常见的。请举出一些例子吧。

米丽娅 刚才的蛋奶冷饮和合金就是这方面的例子呀。

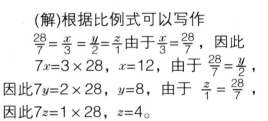

可恶的小黑怪！尽做坏事……

数学世界探险记

制作热蛋糕时的投料情况

开心博士　把牛奶、白糖、鸡蛋、面粉按5∶2∶8∶10的比例混合在一起，制作热蛋糕。如果投放50 g面粉来做这种蛋糕，那么牛奶、白糖、鸡蛋各需投放多少克？

罗伯特　设牛奶、白糖、鸡蛋的投放量分别为x g，y g，z g，那么应有下面的比例式。

$5:2:8:10=x:y:z:50$

米丽娅　如果能把这个比例式中的x，y，z解出来，那么就能吃到香喷喷的热蛋糕啦。

萨沙　因为$\frac{10}{5}=\frac{50}{x}$，所以$x$等于25。

米丽娅　用相同的方法计算，可得$y=10$，$z=40$。

罗伯特　用25 g牛奶，10 g白糖，40 g鸡蛋，50 g面粉，就能做出好吃的热蛋糕了吧。

比值

开心博士　下面又给出一个新名词，大家可要记住哟。A∶B大家已经明白了。例如，当A∶B是3∶2时，我们设$3:2=x:1$，于是$x=\frac{3}{2}=1.5$。这个1.5就叫做3∶2的比值。

米丽娅　这样看来，比值就是用后项除前项所得到的数喽。

开心博士　对。那么5∶2的比值应该是多少呢？

萨沙　用2除5，所得的数2.5就是5∶2的比值。

开心博士　那么4∶3的比值呢？$\frac{5}{5}:\frac{1}{2}$的比值呢？

(你的计算方法是怎样的?)

1. 求出下列的比值。
①7∶5　②15∶8　③$\frac{2}{15}:\frac{4}{35}$

2. 利用比例式解下列问题。

不锈钢是用镍、铬和铁按4∶5∶11的比例熔合在一起制成的。如果用12 kg的镍来制作不锈钢，那么铬和铁各需要多少千克？

把煤油分别加入3个煤油炉内

开心博士　将6l的煤油，按3：4：5的比例分别加入3个煤油炉内，那么3个煤油炉各加多少煤油？为了正确地进行思考，可以画一个水槽图。

罗伯特　这样的图怎么画呢？

米丽娅　把3个煤油炉分别设为A，B，C，再用铜网将水槽隔开来考虑不就行了吗？

罗伯特　如果按3:4:5的比例用铜网将水槽隔开来考虑的话，那么总量应该是3+4+5=12。把这个12作为整体1，再求出各个比例就可以了。

萨　沙　按此说法，那么

A部分占整体的 $\frac{3}{12}$

B部分占整体的 $\frac{4}{12}$

C部分占整体的 $\frac{5}{12}$

罗伯特　由于这个总量是6l，因此

A部分为 $6l \times \frac{3}{12}=1.5l$

B部分为 $6l \times \frac{4}{12}=2l$

C部分为 $6l \times \frac{5}{12}=2.5l$

米丽娅　把所有煤油分成1.5l，2l，2.5l三份就行了呗。

开心博士　像这样，将一个量按比例分成若干部分，叫做比例分配。

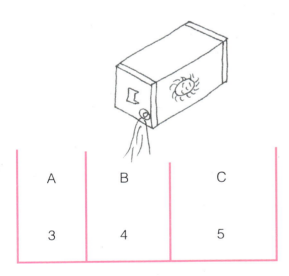

数学世界探险记

每个人各得多少钱?

开心博士 这回说一个"打零工"的问题。已知A,B,C,D 4个人分别劳动了2天、4天、6天、7天,共得了2 850元。如果按照劳动的天数分配,那么4个人应各得多少元?大家不要商量,做完后把各自的答案拿出来看。我抽一袋烟等着。

(开心博士说着拿出了烟斗,有滋有味地吸了起来。)

(小黑怪又来捣乱啦。)

小黑怪 因为要把钱分给A,B,C,D 4个人,所以只要用4除一下钱数就行了。这也太简单了。

米丽娅 真是乱弹琴,这必须按他们劳动的天数来考虑嘛。

开心博士 你们3个人都答对啦。

萨 沙 噢,太好了!我还以为我做错了呢,心怦怦直跳。

米丽娅 我也是呀。

罗伯特 看,米丽娅是用比例式解的。

开心博士 米丽娅真了不起,学过的知识立刻就用上了。不过,罗伯特和萨沙也都是好样的。无论怎么去解,只要找出正确的思考方法就可以了。

(这时,开心博士的烟刚好吸完。他把烟斗放在桌子上。)

(罗伯特的答案)
2+4+6+7=19
A得 2 850元 $\times \frac{2}{19}$ =300元
B得 2 850元 $\times \frac{4}{19}$ =600元
C得 2 850元 $\times \frac{6}{19}$ =900元
D得 2 850元 $\times \frac{7}{19}$ =1 050元

(米丽娅的答案)
劳动的天数与总天数的比例是2:4:6:7:19。
设A,B,C,D 4个人分别得x元,y元,z元,u元,那么
2:4:6:7:19=x:y:z:u:2 850元
解这个比例式得
x=300元 y=600元
z=900元 u=1 050元

(萨沙的答案)
总天数为2+4+6+7=19天,因为,19天共得2 850元,所以1天平均应得
2 850元÷19=150元
因为A劳动2天,所以得,150元×2=300元
因为B劳动4天,所以得,150元×4=600元
因为C劳动6天,所以得,150元×6=900元
因为D劳动7天,所以得,150元×7=1 050元

1. 甲、乙和丙3人共同开办了一个企业。企业刚开业的时候，甲拿出25 000元，乙拿出42 000元，丙拿出32 000元。开业若干年后，共获得了250 000元的收益。如果按各自拿出的资金多少进行分配的话，那么他们3人各应分得多少元？

2. 有一种合金是用铜、锡、铝分别按各自占0.08，0.17，0.75的比例混合制成的。如果有这种合金22 kg，那么铜、锡、铝的质量各为多少千克？

3. 在一幢大厦里有3家公司，它们共同使用那里的空调设备。已知在6个月中，空调机所用电费500元。如果这笔电费按各公司所占的面积（60 m^2，240 m^2，400 m^2）支付的话，那么各应付多少元？

4. 要把120 cm的铁丝弯成一个三角形，使得三条边之比为3∶4∶5，那么各条边的长度应该是多少厘米？

数学世界探险记

1. 用粉、白两种颜色的瓷砖，按照下面的图样摆放。对照这些图样，请回答下面的问题①和②。

A

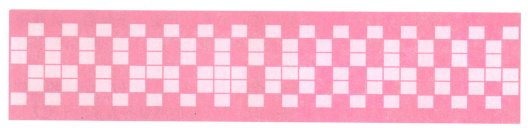

B

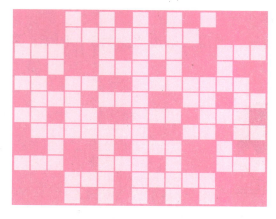

C

① 已经数出了A，B，C图中粉、白、两种瓷砖的块数，填在下面的表1中。请求出把整体作为1时各部分的比例，并填入表2中的空白处。

表1

瓷砖＼瓷砖	粉	白
A	144块	96块
B	81块	99块
C	128块	32块

表2

瓷砖＼图样	粉的比例	白的比例
A		
B		
C		

②对于图样A，我们已经做出了如下所示的总长为10 cm的带状图表。请你对图样B，C也做出总长为10 cm的带状图表。

A

| 粉瓷砖 | 白瓷砖 |

B

C

2.在使用红、蓝、黄、黑4种瓷砖时，要按下表给出的比例来搭配。如果所用的红色瓷砖27块的话，那么瓷砖的总数应是多少？

瓷砖的种类	红	蓝	黄	黑
比例	18%	24%	48%	10%

3.请用与问题2中同样种类的瓷砖和相应的比例，做一个图案。下图中的每个小方格都当作一块瓷砖来考虑，那么请分别涂上红、蓝、黄、黑的颜色吧。

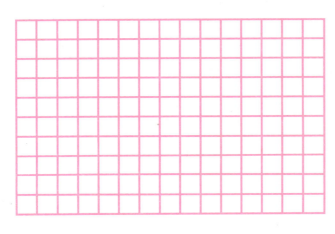

数学世界探险记

神奇的变身箱

（这是大家一起去草原上玩时的一个场面：大家做了赛跑和摔跤游戏以后，萨沙在草地上打了一阵子滚，然后仰面朝天地躺着，望着晴空中飘浮着的白云……）

米丽娅　萨沙，干什么呢？

萨　沙　你看，那块云彩像不像怪兽？

米丽娅　真的，有点像恐龙。

萨　沙　我曾经幻想过，若是能变成原始人该多好！那样就可以看到真正的恐龙啦。

数学世界探险记

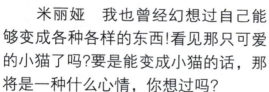

米丽娅 我也曾经幻想过自己能够变成各种各样的东西!看见那只可爱的小猫了吗?要是能变成小猫的话,那将是一种什么心情,你想过吗?

萨 沙 我可不想变成小猫什么的。

罗伯特 听说,在科学幻想小说里,有一种奇特的隧道,只要通过这个隧道,就能变身。

萨 沙 如果真的有变身隧道的话,那可太方便了。那样的话,我就变成一个超级足球运动员。这样,有我参加的球队就没有不胜的啦。

罗伯特　我要变成一名电子计算机专家。到那时，我立刻就能算出圆周率的小数点后面的5 000位数。像大家看到过的那种螺旋隧道，我只用一眨眼的功夫就能通过，通过以后我已经变身了。

米丽娅　你们两个人说的话活灵活现。实际上，变身只是一种空想，哪有那种事情！

身边的变身现象

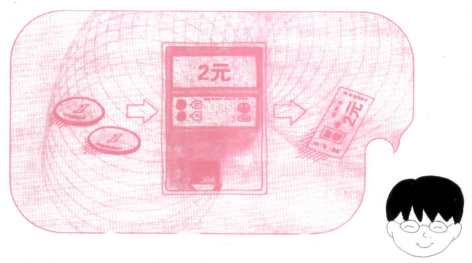

（萨沙想要变成超级足球运动员和罗伯特要变成电子计算机专家的话都被开心博士听到了。对此，他偷偷地笑了。）

开心博士　要是能那样变身的话就太好喽。不过，在你们的经历中，看到和听到的变身事情还是很多的。

萨　沙　是说在我们的身边有这种事情吗？

罗伯特　什么？竟有这种事！

开心博士　譬如说，你们乘电车时要是忘记带月票了，应该怎么办呢？

罗伯特　当然要买票。如果买2元一张票的话，那么就把2枚1元的硬币投入自动售票机内，于是票就……啊！2枚1元的硬币变成一张2元的车票啦！

萨　沙　嗬，这倒是挺有意思。这么说，自动售票机就是变身箱啦？

米丽娅　是的，萨沙。变身箱原来是随便起的名字啊！

开心博士　叫变身箱，这名字倒是满不错。

米丽娅　自动售票机里面是怎么回事我虽然不知道，但是把2枚1元的硬币放到里面后，却变成了一张2元的车票。所以里面一定有像隧道似的东西。

萨　沙　是变身隧道。

开心博士　哈哈……因为名字起多了会造成混乱，所以还是叫变身箱吧。

米丽娅　还有其他变身的东西吗？

萨　沙　嗯……目前也只能想起来这些啦。哎呀！那个……

（萨沙拍着脑袋，好像想起了什么。）

	萨 沙　我想起了制果汁机,如果把苹果放在里面,那么苹果就能变身为苹果汁。如果向里面放香蕉,那么香蕉就变身为香蕉汁。我可非常喜欢香蕉汁啊!
	米丽娅　把陶土做成的水壶放在瓷窑里烧,那么陶土水壶就能变成十分漂亮的瓷水壶。 　　罗伯特　照你说的,陶瓷窑也成了所说的变身箱了。
	罗伯特　要想把1元的硬币变身为音乐应该怎么办呢? 　　米丽娅　我知道了。这个变身箱就是唱片自动输出机!把1元的硬币一放进去,你喜欢的音乐唱片就自动调整好了,随后便放出了你喜欢的音乐。 　　萨 沙　嘀,这样一来,1元就变身为无形的音乐了。
	萨 沙　在奶油加工厂,牛奶能变身为奶油。 　　罗伯特　好家伙,奶油加工厂也是变身箱,好大的变身箱啊?
	米丽娅　这么说,美容店也算是变身箱了。顶着散乱的头发进去,出来时却变身成漂亮的美人了。

什么是黑箱子？

开心博士　大家从身边找到的变身箱，虽然形状大小各不一样，但也有共同之处。

（开心博士说着画了一个图。）

萨　沙　是一个有入口和出口的箱子。

开心博士　是呀。不限大小和形状，把任何一个能够产生变身的东西作为箱子来考虑时，都可以用这个图来表示。

米丽娅　为什么把那个箱子画成黑色的呢？

开心博士　这是因为里面的机构最好不让别人知道。另外，如果只想知道变身前的情况和变身后的结果，那么就没有必要知道里面是怎样工作的啦。

米丽娅　就像我们虽然不知道自动售票机的里面有些什么，但是只要知道放入2枚1元的硬币，就会有一张2元的车票输出来，这就行了。是这样吧？

开心博士　正是这样。以后我们可以把变身箱改叫做黑箱子，你们看怎么样？

萨　沙　不要说改叫黑箱子，就是改叫盒子我也赞成！

开心博士　实际上，工业生产方面的专家和工程技术人员，也像变身箱似的。他们所付出的一定劳动，也

可以叫做黑箱子(black box)嘛。

米丽娅　black box 是英语中的一个词。其中black我知道，就是黑的意思。

开心博士　的确是黑的意思。所说的"黑"这个词，也像刚才说的那样，里面也含有"不知道里面是什么样子"的意思。

萨　沙　box也就是箱子的意思喽。

开心博士　下面把什么是黑箱子的问题再概括一下。所谓黑箱子，就是有入口和出口，并且如果放进一定的东西，那么经过一定的处理就能变身为另外一定的东西的箱子。这样说能理解吧。

萨　沙　"一定的"这个词出现的太多了。

开心博士　这是关键的地方。因为黑箱子必须且只能为我们做一定的事情嘛。譬如大家在乘电车的时候，如果你们分别向自动售票机投进2元后，米丽娅要的是2元的车票，罗伯特要的是果汁，而萨沙又要别的什么东西，那不就麻烦了吗？

萨　沙　的确是这样。

神签盒是黑箱子吗?

罗伯特　神签盒不是黑箱子吧?

米丽娅　哎呀,学校附近有个神社(庙)吧?在那里有人卖过神签。

罗伯特　喂,米丽娅,你相信命运这种事吗?

米丽娅　神签上说的是凶是吉事先不知道,所以觉得挺有意思的。

萨　沙　我可不认为神签盒是黑箱子。

罗伯特　为什么呢?

萨　沙　这正像米丽娅说的那样,同样都是往里放相同数量的钱,而变身出来的是凶啊,还是吉啊,事先却不知道。

罗伯特　是吗?事先不知道将要变身出来的是什么东西,那就不算黑箱子呀。

(在一旁一直听着他们谈话的大块头,这时慢声细语地说了起来。)

大块头　归纳起来看,黑箱子对于放进的一定东西,要进行一定的处理,而且这种处理必须是结果明确的。也就是说变身出来的东西是一定的。

萨　沙　那么,那个能找零钱的自动售票机是怎么回事呢?

罗伯特　把5元放进去。如果按动2元车票的按钮,那么一张2元的车票和3元的零钱就出来了。

米丽娅　我认为这种自动售票机是个复杂的黑箱子。

罗伯特　将钱放进去,然后再按动按钮。这么说,它有两个入口吧?

米丽娅　而且,出口也有两个,一个是车票口,另一个是找零钱口。

萨　沙　画一个图来看看怎么样?嗯,就是下面那个图的样子。

米丽娅　这的确是个黑箱子。

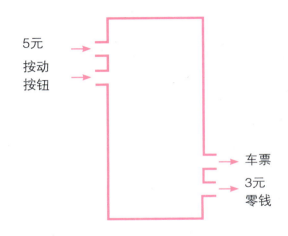

萨沙梦见大青蛙怪兽

白天在开心博士的工作室里,由于谈论的几乎都是关于黑箱子的事情,因此那天夜里萨沙睡觉时,就做起了关于黑箱子的梦。

在梦中,萨沙觉得有一个黑糊糊的大箱子在自己的眼前,尽管天气非常好,但是看上去总是朦朦胧胧的。

萨沙正在挖土,而且捉住了一只青蛙。萨沙非常喜欢土,就连土中的动物他也很喜欢。因此,当他捉到了蚂蚁啦,蚯蚓啦,青蛙啦什么的,一点也不感到害怕。

萨沙把蚂蚁、蚯蚓和青蛙从入口处按顺序放进了黑箱子。

这样做,结果怎么样呢?

结果，它们陆陆续续地出来了：出来的蚂蚁有猫那么大，出来的蚯蚓像条大蛇，出来的青蛙则像只大象，而且张着像门那么大的嘴

萨沙害怕极了。他什么都来不及想。只是"妈妈！妈妈！"地大声喊叫起来。

萨沙惊醒了。他睁开眼睛嘴里还惊恐地呼喊着"妈妈！"他厌恶在梦中所遇到的事情，在几次梦中出现的小家伙们都变成了庞然大物。

萨沙认为，这些东西从黑箱子里出来，一下子变大那么多倍，一定是那只黑箱子有放大的功能。

萨沙一定很想把他喜欢吃的香蕉放到那只黑箱子里面去。

罗伯特梦见长着翅膀的狮子和半人半马的怪物

那天夜里，罗伯特在睡前，看了关于希腊罗马神话的连环画册。画册中的一些故事情节在他的梦中出现了，并且白天学的黑箱子和晚上入睡前看的希腊神话连环画册，完全融为一体了。

瞧，罗伯特在广阔的荒野上骑马奔驰着。突然间，在眼前出现了一只好大好大的黑箱子。这只黑箱子简直像一座耸立着的古堡，箱子的入口显然是开着的。

罗伯特 高喊了一声"我来了！"与此同时，又在马上加了一鞭。不一会罗伯特连人带马极其敏捷地跑进了黑箱子。当他骑着马跑出了黑箱子以后，奇迹出现了！

罗伯特和马变成了希腊神话中的怪兽，上半身是人，下半身是马。

罗伯特 真是不可思议的箱子啊！

变成了半人半马怪物的罗伯特，看见天上的一只天鹅飞进了黑箱子。地上的一只雄狮也跑进了箱子。

就在罗伯特想弄清楚是怎么回事的时候，在黑箱子的出口处传来了啪啦啪啦拍打翅膀的声音。只见刚刚从出口出来的雄狮，两肋长出了洁白漂亮的翅膀，变得十分好看。接着，嗖地一声飞上了天空。

它翻越那遥远的巴台农神庙，飞得很远很远。

罗伯特　哈哈，这个黑箱子有把两个不同的东西合成为一个东西的功能呀。

在梦中，已经变成半人半马的罗伯特在不停地蹦着跳着。

米丽娅梦见一只海鸥变成了两只

米丽娅在睡觉之前，祈祷着要做个黑箱子的梦。

米丽娅 要是走进黑箱子，出来时能变成一个漂亮的美人就好了。保佑我吧，梦神。

就这样，米丽娅在梦中见到了不少稀奇古怪的事情。

黑箱子在梦中的确出现了。米丽娅看到一只狐狸钻了进去，而出来的却是两只狐狸。

接着，又看到一只海鸥径直地飞了进去，而出来时，竟是两只海鸥。

又看到一只大腹便便的山狸吭哧吭哧地挤了进去。不一会儿，两个山狸拥挤着从出口钻了出来。

米丽娅　嘀，好有趣呀！

忽然嗖地一声一支长矛从米丽娅头上飞过，直飞进了黑箱子。眨眼之间，从箱子的出口处窜了两只锋利的长矛。

米丽娅"啊"地一声惊醒了。

开心博士制作了黑箱子——数的变化

（第二天，3个人来到开心博士的工作室，分别向开心博士讲了昨天晚上梦见的情形。）

开心博士 哈，哈，哈。使东西变身的黑箱子几乎充满了你们的头脑，所以才做了这样的梦。

喜鹊 3个人都说梦见了黑箱子，可见有很深的缘份啊。

（喜鹊学着开心博士的声调嘲弄他们3个人。）

开心博士 可是你们3个人都很清楚，所说的黑箱子"做了一定的处理"，这是相当重要的事情。显然，3个人梦见的都是在黑箱子里变化的吧。

米丽娅 萨沙的梦，是蚂蚁、蚯蚓和青蛙都变大了。

萨沙 并且不仅仅是哪一只变得特别大，而是都按一定比例变大的。要是当时计算一下都变大多少倍就好了！

开心博士 罗伯特在梦中见到的是希腊罗马神话中的长着翅膀的狮子和半人半马的怪物。可是，它们在变身之前是什么呢？

罗伯特 变身前是两个动物，经变身它们合为一体，成为各用一半的动物。

开心博士 是那只黑箱子的功能使两个东西合成为一个喽。

萨沙 米丽娅的梦就更简单了。

罗伯特 是呀！米丽娅梦中黑箱子的功能，就是把从入口进去的物体变成两份。

开心博士 实际上，在黑箱子中，不仅仅能使动物和物品变身，而且也能使一个数变成另外一个数。我昨天晚上做了个黑箱子，你们试试吧。

（开心博士拿出他制作的黑箱子。在黑箱子的一侧上方有一个入口，对面的下方有个出口，而且上面还安了个提手。）

黑箱子的秘密——在出来的卡片上写着什么数?

开心博士 现在,把一张写着数字1的卡片放进了黑箱子,请好好看看出来的会是什么数呢?

萨沙 哎呀!有个写着2的卡片出来了。

米丽娅 1变成了2。

开心博士 这回,把一个写着2的卡片放进去试试……看,变成了4。

米丽娅 这个黑箱子的功能到底是怎样的呢?

开心博士 你看,提手上有一个带有刻度的装置,现在把刻度定在2的位置上,于是从入口放进去的数,出来时就变成是它2倍的数。好啦,秘密公开了。那么,我们现在把3放进去,看看出来的是什么数?

米丽娅 因为3×2=6,所以出来的卡片上应该写着6。

(正像米丽娅说的那样,放进去的是3,而出来的是6。)

开心博士 下面把4,5,6,…按顺序放进去。请把放入的卡片和出来的卡片上的数字关系列个表观察一下。设放入的数为x,出来的数为y,那么应该是怎样的呢?

x 1 2 3 4 5 6 7 8 9 10…
y 2 4 6 8 10 12 14 16 18 20…

米丽娅 这个黑箱子的功能,是把放进去的数x变成它的2倍。

萨沙 x和y是成正比例的,那么放入黑箱子的数和出来的数只能是成正比例的关系吗?

开心博士 不,不是那么回事。放入的数和出来的数成正比例,仅仅是黑箱子功能的一部分。它只不过是一种特殊情况。

数学世界探险记

黑箱子的秘密——在放入的卡片上写着什么数?

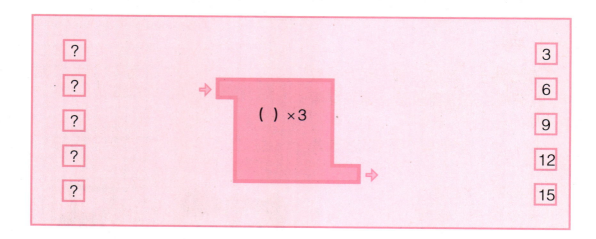

喜 鹊 开心博士在做这个黑箱子的时候,我一直在旁边看着,因此我对这个黑箱子最清楚了。旋转这个提手,只要把刻度定在3的位置上,就能使放入的数变成3倍后出来。如果看不见放进去的卡片上的数,而能看见出来的卡片上的数,那么我们算算放进去的卡片上写的是什么数?瞧,出来的卡片上的数是3,那么放进去的是几呢?

罗伯特 什么数的3倍是3呢?如果把放入的卡片上的数设为( )的话,那么就有

( )×3=3 ( )=3÷3=1

放进去的卡片上的数是1吧?

喜 鹊 猜对了!这回出来的是6,放进去的是几呢?

米丽娅 ( )×3=6,( )=6÷3=2,放进去的数是2。

喜 鹊 好了,这回回答请快一点!瞧,9,12,15…一个接一个地出来了,请连续不断地猜出放进去的数分别是多少?

萨 沙 9÷3=3,12÷3=4,15÷3=5,…

开心博士 也列个数的关系表看看吧。同样,设放入的数是 x,出来的数是 y。

x	1	2	3	4	5					10	……
y	3	6	9	12	15	18	21	24	27	30	……

萨 沙 如果明白了黑箱子的功能,那么根据放进去的数就能计算出出来的数。相反,由出来的数也能计算出放进去的是什么数。

(请将表格中的空白处试着填上。)

黑箱子的秘密——考察黑箱子的功能

小黑怪 了不起的我,已经把开心博士的秘密悄悄地偷来了。看我来拧刻度装置。

(小黑怪突然出现了,而且随便地摆弄着开心博士的黑箱子。)

小黑怪 喂!放张数字卡片试试吧!

萨 沙 黑箱子的功能现在是怎样的呢?

小黑怪 我不告诉你。你把卡片放进去,自己考察考察吧。

罗伯特 小黑怪故意刁难人,一定是什么古怪的功能。

米丽娅 不管怎么样,先放进一张卡片试试。我放一张写着2的卡片。

(米丽娅把写着2的卡片放了进去,出来的是写着9的卡片。所以,大家都认为黑箱子的功能是把数增加到4.5倍。但是,接着罗伯特放了一张写着3的卡片,结果出来的卡片上写着13。再接着把写着4的卡片放进去,出来的是写着17的卡片。这时,大家完全糊涂了,对于3和4,为什么出来的不是它们的4.5倍的数呢?)

米丽娅 这也不是4.5倍呀!小黑怪是在故意胡闹吧?

萨 沙 也不是4倍。这太叫人为难了。

小黑怪 哈哈哈哈……怎么样,认输了吧?

(尽管小黑怪这样嘲笑挖苦着,可是大家都默不做声。心想,莫非是小黑怪把黑箱子弄坏了?……)

罗伯特 现在把1放进去看看,会怎么样?如果是4倍,那么出来的就是4,如果是4.5倍,那么出来的就是4.5。

(罗伯特把写着1的卡片放了进去,出来的卡片上写着5。)

萨 沙 噢,不明白!还是把我们刚才所有放进去的数和出来的数对应着列个表来看看吧。

罗伯特 嗯。很有可能会看出点什么。把放进去的数设为x,出来的数设为y。

x	1	2	3	4	5	6	7	…
y	5	9	13	17				…

米丽娅 确实是接近4倍的数。

罗伯特 好,听我罗伯特的!是变成比4倍还多1的数呀!

萨 沙 可不是嘛!对于2来说,4倍等于8,再加1就是9。

米丽娅 再放一张别的卡片,进一步把它弄清楚。放入0看看吧。

罗伯特 $0×4+1=1$,如果出来的是1,那么就知道黑箱子的功能了。

(米丽娅放进写着0的卡片,正像大家猜到的那样,变出来的是写着1的卡片。)

萨 沙 嘿!我们胜利了!这黑箱子的功能就是4倍再加1。

(在不知不觉中,连小黑怪的影子都看不见了。看来不论怎样都不能使它感到悔恨。请你在表格的空白处填上数字。)

如果用式子表示黑箱子，那么……

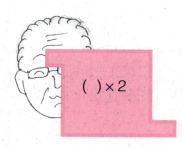  

开心博士 从旋转刻度装置可以看出，黑箱子确实有各种各样的功能。在前面，由于我所操作的黑箱子的功能是使放入的数字变成2倍，可以写成

( )×2

喜 鹊 这么说，我前面操作黑箱子时的功能可以写成

( )×3

米丽娅 小黑怪操作的那个功能虽然有点复杂，但是还是可以写成

( )×4+1

开心博士 很好。对于黑箱子的上面所说的3种功能，可以用上面的图来表示。

罗伯特 箱子是黑的，里面的情况尽管不知道，但却知道它进行了怎样的工作。

萨 沙 我也明白了。小黑怪操作时，黑箱子所做的工作是( )×4+1，那么，不管是什么数，只要一放进去，出来的数就是把这个数放进( )里，经过计算所得的结果。

米丽娅 如果放进去的数是100，那么就有

(100)×4+1

所以，出来的卡片上的数字是401。

开心博士 好了。这回黑箱子用符号$f(\ )$表示。这里的$f(\ )$也可以看作是黑箱子里的东西。这样一来，我们就不用一个一个地画箱子了吧？

罗伯特 如果放进黑箱子里的是x，而出来的数是y，那么这种情况怎样表示呢？

开心博士　如果画个图来表示，那么就会像右边那样，$f(\ )$ 在黑箱子里。如果放进去的是 x，那么出来的是 $f(x)$。由于出来的是 y，所以可以表示为

$$f(x)=y$$

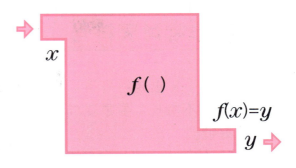

罗伯特　如果放进去的是3，而出来的是13，那么就表示为 $f(3)=13$，对吗？

开心博士　正是这样。譬如，如果黑箱子的功能用式子 $(\ )\times 4+1$ 来表示，那么就有

$$f(\ )=(\ )\times 4+1$$

米丽娅　这么说，黑箱子的功能是使一个数变为3倍的时候，就可以表示为 $f(\ )=(\ )\times 3$ 喽。

罗伯特　如果把5放进米丽娅所考虑的黑箱子里，那么就有 $f(5)=(5)\times 3$，所以，出来的就是15。

萨　沙　米丽娅和罗伯特用的都是比较难的符号呀，式子啦，直接做出来的。回答时听起来倒是很流利。可是，是不是真的明白了呢?看我画一张使苹果的个数变为3倍的黑箱子图吧。

开心博士　别着急，慢点画就会画的更好。

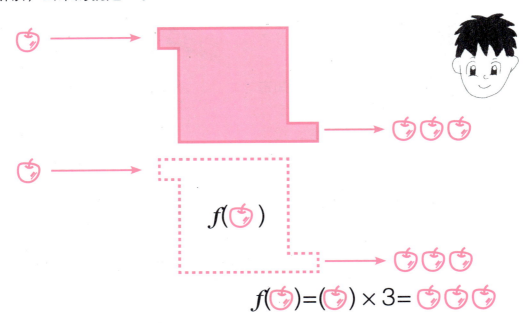

数学世界探险记

嘟嘟非常讨厌符号

嘟嘟 又出现符号了。我对于符号实在是不擅长。要是变成好吃的东西就好啦。

（萨沙的脸上也表现出与嘟嘟有同感的样子。）

米丽娅 嘟嘟，那可不行啊。

开心博士 哈哈……符号那么不好对付吗？可是，数学就是使用符号的学问。而且，正是一个接一个地使用符号，才使问题变得简洁明了。

萨沙 使用符号不是使问题变得更麻烦了吗？

开心博士 哪有那样的事！好好想想看。举一个例子吧。人行横道上的绿色信号也是一个符号。如果没有它，那么会很不方便的。

萨沙 那当然。如果没有绿色信号，那么什么时候过马路合适就不知道啦。

开心博士 如果没有大家都知道的"绿色信号可以通行"这个规定，那么就得有一些人在路边站着，把写着"现在请过马路"等许多文字的纸或板子，转过来转过去的向人们示意。

米丽娅 用图画来表示路标也是一种符号。这种情况也是常见的。

罗伯特 是呀。与只用颜色来表示的方法比较，图画可以表示出更多的各种各样的情况。

开心博士 符号也像路标图一样，一旦规定下来，就应该立刻使用。

米丽娅 街道的地图之类的东西，也使用了相当多的符号呢。

萨　沙　啊!我在看棒球比赛的同时,也看比赛中使用的符号。好球用S表示,坏球用B表示,出局用O来表示。

米丽娅　怎么,萨沙这不是很习惯符号吗?

萨　沙　嘿嘿,写符号"S"不像写"好球"那样麻烦。

罗伯特　对啦!表示黑箱子的$f(\ )$中的f,就是英语里"功能"这个词的第一个字母吧?就像表示好球的符号S那样……

标志,前面加f表示"具有一定的功能"。

开心博士　现在,我在黑板上写出

$$y=f(x)=(x)\times 3+2$$

开心博士　是这样。因为"功能"这个词,在英语里是function,所以"功能"就用f来表示了。英语里的这个词,翻译成中文时为"函数"。这回再仔细看看符号$f(\ )$,就应该完全明白其中的含义了吧。其中的$(\ )$,是"请在这里放个数看看"的

这个式子的含义大家都知道吧?

米丽娅　因为$f(\ )$是黑箱子,所以$y=f(x)$就是把x放进黑箱子里面,y则是从黑箱子里出来的数。

罗伯特　那么,这个黑箱子的功能就是$(\ )\times 3+2$喽。

萨　沙　是这样吧?把x放进黑箱子里,经过$(\ )\times 3+2$的运算,出来的就是y。

开心博士　如果把2放进这个黑箱子里,那么结果将会怎么样呢?请写出式子计算一下吧。

米丽娅　把$y=f(x)$中的x换成2,那么有$y=f(2)=(2)\times 3+2=8$。所以,如果把2放进黑箱子里,那么出来的就是8。

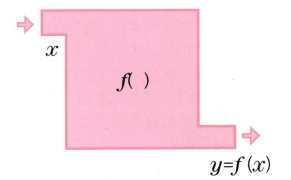

$$y=f(x)$$
$$f(x)=(x)\times 3+2$$

罗伯特的重大发现——水槽与黑箱子

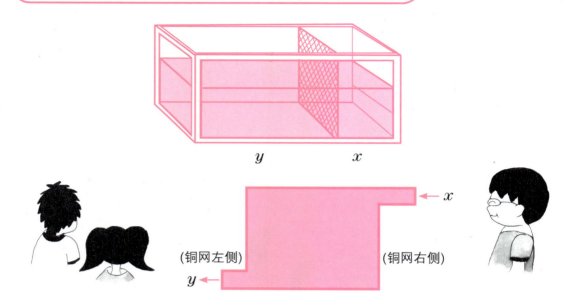

罗伯特 这个……啊，是这样……嗯……应该如此！

（罗伯特似乎在考虑着什么。他走到水槽旁，一边向水槽里加水，一边自言自语地叨咕出自己的想法。）

米丽娅 罗伯特，干什么呢？

萨沙 罗伯特总是自作聪明！虽然还没弄懂究竟是怎么回事，可是却总像什么都清楚了似的。

罗伯特 这可是个重大发现啊！现在，铜网已把水槽隔成了两部分。设铜网右侧的水量为 x l。

萨沙 你究竟打算做什么？

罗伯特 等等，别着急，其中的奥妙一会儿就知道了。如果这样的话，当 x 变成2倍的时候，那么另一侧的水量 y 也会变成2倍。

米丽娅 没错。x 变成3倍，4倍……的时候，另一侧的水量 y 也随之变成了3倍，4倍……

萨沙 这在前面学习比例的时候，已经讲过了，就是 y 与 x 成比例（正比例）嘛。

罗伯特 我们来归纳一下当 x 是某个确定的数时，与 x 成比例的 y，也是一个确定的数。而 x 与 y 之间的变化关系，不正是黑箱子所具有的功能吗？

萨沙 这个……这倒是一个惊人的想法。可是，黑箱子不像水槽那样，是看不见的呀。

米丽娅 萨沙，你怎么能这样想呢？对于黑箱子，我们只是考虑它有什么功能，至于黑箱子是什么样子，里面是如何运转的，我们并不考虑啊。

罗伯特 那么，把水槽被隔断后的右侧看成是黑箱子的入口，左侧看成是出口，难道不可以吗？好，我们从右侧加水。那么，当右侧的水量变成 x l 的时候，左侧的水量就变成所说的 y l 了。

萨沙 噢，原来是把水槽被铜网隔成的两侧，分别看成是黑箱子的入口和出口呀。

米丽娅 如果把铜网的右侧用 x 表示，而左侧用 y 表示，那么 x 和 y 之间的关系，就可以简单地记作 $y=f(x)$ 啦。

萨沙 可是，一考虑黑箱子的功能，我就不太明白了。如果移动铜网的位置，x 与 y 的关系不就随之而改变了吗？这也说明了黑箱子的功能能够变化的道理吧？

罗伯特 移动铜网的位置所产生的影响，可以通过把下面3种不同的情况分别计算出来，再进行观察。在①的情况下，当铜网的 x 部分是，1 l，2 l，3 l……的时候，y 的水量就变成了

$$4=f(1)$$
$$8=f(2)$$
$$12=f(3)$$
$$\cdots$$

米丽娅 明白了。在这种情况下，黑箱子的功能是( )×4，也就是
$$y=f(x)=(x)\times 4$$

萨沙 真有意思。我来看看铜网移动位置后的情况：

在①的情况下 $y=f(x)=(x)\times 4$
在②的情况下 $y=f(x)=(x)\times 1.5$
在③的情况下 $y=f(x)=(x)\times 0.6$

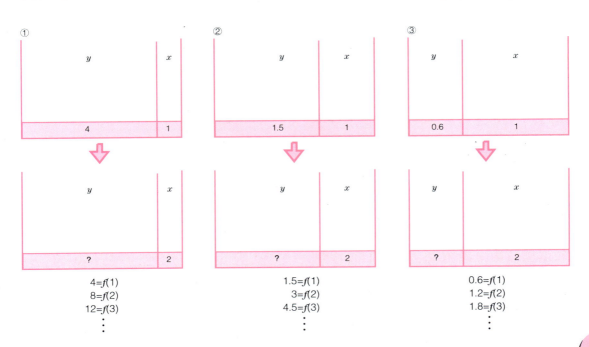

比例图

　　(在附近的小树林中,小鸟叽叽喳喳地叫个不停。太阳照在正在赶路的米丽娅、萨沙和罗伯特的身上,暖洋洋的。)

　　他们来到开心博士的工作室时,开心博士正在给花坛旁边的游泳池注水。他一边看着水哗哗地往池中流,一边在方格纸上画着什么。)

　　米丽娅　您好,开心博士!您正在干什么呢?

　　开心博士　我正在画池中水量增加的情况图。你们也来画画看。给,每人一张方格纸。

　　开心博士　水管向游泳池放水的时候,设放水的时间为x,而y表示游泳池的水量。x与y的对应关系,我已经记录在这个表格里了。你们看……

　　(3个人根据这个表格,在方格纸上画出了图①。)

每隔10 min的记录表

x	10	20	30	40
y	120	240	360	480

　　开心博士　这个表格记录了每隔10 min池中存水量的变化情况,如果想更加详细地了解,x与y中途变化的情况,那么时间的间隔当然是越短越好。现在,再看一下间隔5 min的水量的变化表格,并且根据这个表格,画一张水量增加的情况图吧。

每隔5 min的记录表

x	5	10	15	20	25	35	40
y	60	120	180	240	300	360	480

(3个人根据开心博士制作的时间间隔5 min的存水量记录表格，画出了图②。

然后，又进一步缩短时间间隔，画出来的是图③。)

萨 沙　瞧！统计图，噢，也就是……水量增加的关系图，图中表示水量的长短粗线的顶端，像一条倾斜的直线那样，一直向右上方延伸过来。

米丽娅　真是这样！斜线迅速向上伸延，一直到游泳池灌满为止。

开心博士　好，到底理解我的想法了。表示时间和水量的关系时，既使没有统计图中的粗线，而仅仅考虑粗线的顶端，当然也可以。这样，像④那样的图就可以做出来了。

罗伯特　时间和水量都是从0开始，并且这些粗线的顶端构成一条直的斜线。

开心博士　横坐标为0与纵坐标为0的点叫作原点。

米丽娅　这么说，这个图形应该叫做通过原点的一条直线吧。

开心博士　是的。成比例的两个量之间的关系，如果画成图的话，那就是一条通过原点的直线。

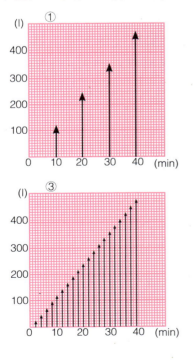
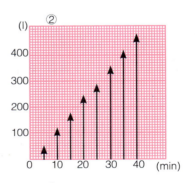
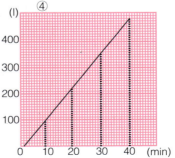

数学世界探险记

1. 有一个黑箱子，其功能是把一个数2倍后再加上3。设放进去的数为x，出来的数为y，请根据x与y的关系填写下面的表格。

x	1	2	3	4	5	6	7	8	9	10
y	5									

2. 有一个黑箱子，其功能( )×5+1。出来的数是用下面形式表示的。那么，这些出来的数分别等于多少。

①$f(1)$ ②$f(4)$ ③$f(11)$ ④$f(0)$ ⑤$f(\frac{1}{5})$

⑥$f(\frac{7}{15})$ ⑦$f(0.8)$ ⑧$f(0.01)$ ⑨$f(0.7)$

3. 有一个黑箱子，其功能是把一个数3倍后再加上0.5。设放进去的数为x，出来的数设为y。请根据x与y的关系填写下面的表格。

x	1				11				
y	3.5	9.5	15.5	21.5	33.5	39.5	45.5	51.5	57.5

4. 向一个功能是把一个数9倍起来的黑箱子里放一些卡片。出来的数由下面的图示给出。请按图示中从上到下的顺序，求出放入的卡片上的数字分别是多少？

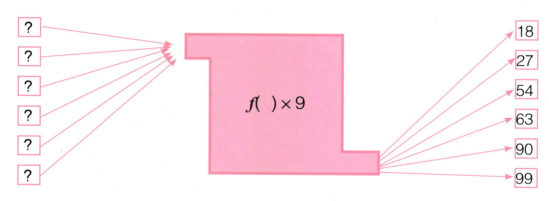

5. 向一个不知道具有什么功能的黑箱子里放数字卡片。放进去的卡片上的数与出来的卡片上的数已写在下面的表中。请说出这个黑箱子的功能。

6. 有一个不知道具有什么功能的黑箱子。对于这个黑箱子，请回答下列问题。

x	1	2	3	4	5	6	7	8	9
y	3	5	7	9	11	13	15	17	19

①放进去的卡片上的数与出来的卡片上的数已写在下面的表格中。请说出这个黑箱子的功能。

x	1	3	5	7	9	11	13	15	17
y	4	8	12	16	20	24	28	32	36

②向这个黑箱子里放进去的数设为 x，请用式子来表示放入的数和出来的数之间的关系。

③ $f(2)$，$f(4)$，$f(6)$，$f(8)$，$f(10)$ 分别等于多少？

大自然也变身

萨 沙 下过雨之后，经过强烈的阳光照射，淋湿了的路很快就变干了。路边的积水也慢慢地变成了水蒸气。水蒸气升上天空后，又变成云。云又可以变成雨，再次落回到地面上。

米丽娅 我觉得萨沙只会说一些普通的常识性的事情。

萨 沙 尽管我说的是普通常识的事情，但是你想一想，这些事情不是很神奇吗？你看，一会儿变成雨，一会变成水蒸气，一会儿又变成云……这不也是在变身吗？

罗伯特 嗯，可能还有看不见的黑箱子呢。

开心博士 在这册书里，从正比例开始一直到黑箱子，我们做了各种各样的研究。可以说，这些都是关于量与量的关系的学习。

萨沙所说的话是正确的。不仅仅是水蒸气，如果仔细观察一下，就会知道各种各样的自然现象都在变身，而且有着明确的法则。大自然是按照一定的客观法则变化着的。现在我们

所做的数学探险，其目的就要给大家打好数学基础，进而去了解大自然的变化规律。

萨沙　打好了基础，我们就可以利用数学去探索大自然的奥秘。

开心博士　不仅如此，如果利用数学搞清了大自然的变化规律，那么我们还可以对大自然的变化成功地做出正确的预测。还可以制造出人工现象，公园里的人工喷泉就是其中一例。

米丽娅　啊！那喷泉有那么多的管子，水柱时而直射，时而斜喷，设计的多么巧妙啊。

开心博士　那可不是随便就能设计出来的。要想使喷出来的水看上去赏心悦目，那要经过仔仔细细的数学计算啊。

米丽娅　如果我们能掌握大自然的变身情况，那可太棒了！

罗伯特　真想早点弄清这神奇的世界！

<第7页>
1. ①3 ②2.4 ③$1\frac{4}{7}$ ④0.8
2. ① ③
3. ①2.4 ②1.9 ③2.14 ④0.4

<第9页>
1. ①6.76 dl ②$7\frac{7}{15}$ dl ③5.04 dl ④0.6 dl
2. ①5.04 dl ②$2\frac{2}{5}$ dl ③2.2 dl ④$4\frac{4}{5}$ dl

<第11页>
1. ①3.5 dl ②$1\frac{1}{2}$ dl ③2 dl ④0.75 dl
2. ①2.08 dl ②$1\frac{1}{5}$ dl ③3 dl ④$\frac{6}{11}$ dl

<第14页>
①14.4 dl ②$5\frac{1}{4}$ dl ③7.5 dl ④1.5 dl
⑤10.5 dl ⑥0.75 dl ⑦$1\frac{11}{24}$ dl ⑧0.07；

<第18~19页>
①成比例 ②成比例 ③成比例
④不成比例 ⑤成比例 ⑥成比例
⑦不成比例 ⑧不成比例 ⑨不成比例
⑩成比例 ⑪成比例 ⑫成比例

<第21页>
1. 3÷48×240=15   15 l
2. 96÷12×5=40   40 km
3. 1.2÷40×800=24   24 kg
4. 5÷110×230=$10\frac{5}{11}$ $10\frac{5}{11}$ m
5. 2.5÷10×15=3.75   3.75 kg
6. 14÷350×150=6   6元

<第23页>
1. 12÷200×520=31.2   31.2 m
2. 1.5÷1.2×16=20   20 m
3. 30÷240×560=70   70 g
4. 8÷10×80=64   64 m

<第24页>
1. 250÷4×7=437.5   437.5 km
   4÷250×750=12   12 h
2. 30÷270×720=80   80 min
3. 30÷2.5×7.5=90   90 m²
4. 7÷10150×4640=3.2   3.2 min

<第25页>
1. 1 min 10 s   2. 3 min 33 s   15 min 15 s
3. 15 s   4. $\frac{10}{21}$ s

<第26页>
1. $29\frac{1}{9}$ l   2. 42 l   3. $16\frac{2}{3}$ a

<第27页>
①$46\frac{2}{3}$ kg ②320 cm ③120 kg
④210 km ⑤$16\frac{2}{3}$ min ⑥300 l

<第28页>
萨 沙：1. 968 kg 2. 11.25 t 3. 3.6 dl
米丽娅：1. 589.5 g 2. 186 g 3. 70元
        4. 1 250万元 5. 180元

<第29页>
罗伯特：1. 150 g 2. 225 ml 3. 16 m³
大块头：1. 282 875台 2. 2 555 h
胖噜噜：1. 3 900 m 2. 60 km
        3. 210 s

<第32页>
①1.8或$1\frac{4}{5}$ ②26.4或$6\frac{2}{5}$

<第35页>
1. 35 l   13.02 l $3\frac{8}{9}$ g   6.3 kg $\frac{16}{27}$ m
   0.72 m²

2. ① $12\frac{26}{27}$ m³ 15.4 m³ $1\frac{5}{9}$ m³ 2.8 m³
   ② $\frac{4}{5}$ km 0.78 km 0.008 km $\frac{1}{35}$ km
   ③ 4.8 kg 1.76 kg 0.16 kg 1.4 kg 0.1 kg

<第36页>
1. 136.5 kg   2. 377 kg   3. 49 a

<第37页>
1. 3 m   2. 78人   3. 8 cm
4. 252元 42元

<第39页>
1. 68.4 kg   2. 3.19 l   3. 41 600人
4. 99元   5. 16 a   6. 3 km
7. 2.94 m   8. 400棵   9. 58人

<第40页>
1. 6 240 kg   2. 4 m   3. 209元

<第41页>
1. ①22 dl ②14.4 l ③$2\frac{2}{5}$ g ④$\frac{1}{3}$ kg
   ⑤1.3 m²
2. ①2.2 l ②6.3 l ③72 m² ④$3\frac{3}{5}$ g
3. ①10.56 cm ②75 m³ ③4人
4. ①1.518 cm ②43.2 l ③40元 ④45 a

<第44页>
①约2倍 ②4倍 ③2 000倍 ④100倍
⑤362.5倍 ⑥6倍 ⑦250倍

<第47页>
1. ①120 dl ②4 l ③2.3 m ④216 km
   ⑤120 m² ⑥$8\frac{1}{3}$ g
2. 21 a   3. 42 195 m   4. 2 400元

<第49页>
$\frac{5}{28}$ 1 260 m²

<第54页>
1. 5成8分2厘
   6成 1厘 1成8分

   4成5分 6成
   1成 5厘 2分3厘
   1成1厘 12成6分7厘
2. 0.294 0.163 0.32 0.906 0.074
   1.267 1.06 1.402
3. 35.3% 30.1% 8.4% 108.2% 0.3%
   40% 68% 5% 170% 200%
4. 0.314 0.181 0.863 0.16 0.96 0.07
   0.02 0.005 1.05 2
5. 0.357 3成5分7厘 35.7%
   $\frac{317}{1000}$ 0.317 3成1分7厘
   $\frac{4}{25}$ 1成6分 16%
   $\frac{43}{100}$ 0.43 43%
6. 162元   7. 5 888元   8. 900 kl

<第61页>
1. 150册 87册 27册
2. 2 000 g 1 900 g 20 g
胖噜噜 73 cm

<第65页>
①18:4:3:6 ②4:8:15 ③3:8

<第68页>
1. ①1.4 ②1.875 ③$1\frac{1}{6}$
2. 15 kg 33 kg

<第71页>
1. 甲63 131元 乙106 061元 丙80 808元
2. 1.76 kg 3.74 kg 16.5 kg
3. 43元 171元 286元
4. 30 cm 40 cm 50 cm

<第72~73页>
1. ① A 0.6 0.4
     B 0.45 0.55
     C 0.8 0.2
   ② 略

105

  2. 150块 3. 略

<第100~101页>

1. 7 9 11 13 15 17 19 21 23

2. ①6 ②21 ③56 ④1 ⑤2 ⑥$3\frac{1}{3}$ ⑦5
  ⑧1.05 ⑨4.5

3. 3 5 7 13 15 17 19

4. 2 3 6 7 10 11

5. $f(\ )=2\times(\ )+1$

6. ①$f(\ )=2\times(\ )+2$ ②$y=2\times x+2$
  ③6 10 14 18 22